Grandes hazañ

John G. Lake – Smith Wigglesworth – Lester Sumrall – Kenneth E. Hagin
Naciste para esto: curación, liberación y restauración: descubre cómo de los grandes

Por el Embajador Monday O. Ogbe

Table of Contents

Mayores hazañas 2 – Capítulo 12 170

Mayores hazañas 2 – Capítulo 13 182

Greater Exploits 2 – Sobre el libro

Naciste para esto – Sanación, Liberación y Restauración – Descubre cómo de los Grandes - Sobre el libro

Greater Exploits 2 es una continuación de **Greater Exploits** con más detalles, centrándose en cuatro (4) santos que el Señor usó poderosamente en los últimos 100 años, a saber: *John G. Lakes, Smith Wigglesworth, Lester Su mrall y Kenneth E. Hagin* .

Greater Exploits 2 y otras series del mismo libro te son entregados en bandeja de diamantes si respondes que sí a cualquiera de las siguientes preguntas:

- *¿Estás enfermo y cansado de la impotencia, la desesperanza y la falta de valor sin ningún remedio a la vista?*
- *¿Estás abatido física, emocional y espiritualmente?*
- *¿Estás arriba hoy y mañana abajo emocional, psicológica y fisiológicamente como un yoyo?*
- *¿Está usted o alguien dentro de su círculo física o emocionalmente enfermo, acosado, explotado y desposeído de lo que le pertenece legítimamente a usted o a las personas dentro de su círculo?*
- *¿Hay alguna enfermedad o dolencia prolongada, o patrones negativos de matar, robar y destruir que han desafiado tus oraciones y las oraciones de los demás?*

- *¿Has perdido algo o a alguien cercano a ti y parece que no tienes respuestas para todas?*
- *¿Sientes o percibes que no estás en el centro de la voluntad y el propósito de Dios para tu vida con un completo vacío dentro y alrededor de ti?*
- *¿Tienes hambre de poder ministrar sanidad, liberación y restauración de una manera poderosa para ti mismo y para los demás?*

Entonces ven conmigo con siete (7) condiciones críticas de la siguiente manera:

- *Esté DISPONIBLE (espíritu, alma y cuerpo) para asociarse con Dios.*
- *Sé AUDAZ para reclamar todo lo que Él ha muerto para darte.*
- *Sea lo suficientemente COMPASIVO como para sentarse donde la gente sufre.*
- *Esté DETERMINADO a seguir adelante y nunca, nunca darse por vencido hasta que la palabra de Dios se convierta en verdad y vida en sus circunstancias y situación.*
- *Sea fervientemente enamorado de Dios y de las personas sin restricciones.*
- *Sé ARDIENTE en IRA con Satanás por robarte a ti y a otros.*
- *Estar en GRAN HAMBRE para buscar a Dios hasta RECUPERAR TODO y manifestarlo a usted mismo y a los demás.*

Nuestras escrituras de contrato guía están en Marcos 16:15-20 y **Juan 14:12**

La traducción de la pasión
[12] *"Os digo esta verdad eterna: El que me sigue con fe, creyendo en mí, hará los mismos milagros que yo hago, y*

aun <u>mayores</u> que estos, porque yo voy a estar con mi Padre.

Entonces, sumerjámonos en *Greater Exploits 2 – Naciste para esto – Sanación, Liberación y Restauración – Como descubrimos de los Grandes* de un Dios poderoso en los últimos cien (100) años con más de cincuenta (50) testimonios para lanzarte en nuestro presente y nuestro futuro en mayores hazañas para nuestro Dios.

Mayores hazañas 2 – Sobre el autor

Naciste para esto: curación, liberación y restauración: descubre cómo de los grandes: sobre el autor

Embajador de Cristo, Monday Ogwuojo Ogbe es un embajador de Cristo en el mercado con un corazón por la unidad en el cuerpo de Cristo. Su encuentro cara a cara con el Señor Jesucristo el sábado 22 de abril de 2006 a las 5 de la mañana cambió la trayectoria de Su vida para siempre.

El Embajador Monday O. Ogbe es un ministro ordenado de Dios con Open Ministries, San Diego, un ministerio no denominacional que lanza santos a la obra de ministerios sin fronteras. Monday está inscrito como aprendiz de por vida del Instituto de Liderazgo Cristiano (CLI) https://www.christianleadersinstitute.org/ y miembro de la Alianza de Liderazgo Cristiano (CLA) Spring Lake, Michigan, EE. UU.

Como experto en TIC, utiliza su habilidad para llegar a los buscadores en línea y equipar al cuerpo de creyentes para el trabajo del ministerio a través de su sitio de ministerio otakada.org: un ministro en Otakada Cyber Church Ministries, una iglesia sin muros, fronteras y denominación donde más 2 millones de contenido enfocado en cristianos que ahora se alojan y distribuyen a una audiencia mundial de buscadores y cristianos.

¡El contenido de Otakada.org llega a más de medio millón de audiencia en línea mensualmente y sigue creciendo!

El lunes es el anfitrión de "Ya basta para el cautiverio y bienvenido a la libertad en Cristo en la serie de equipamiento de sanidad, liberación y restauración donde enseña y equipa a los santos para ministrar sanidad, liberación y restauración de sí mismos y de otros dentro y fuera de sus círculos. La sanidad es el pan de los hijos y una señal para los incrédulos para autenticar el respaldo de Dios a la esperanza de nuestro llamado. ¡Hemos visto una notable sanidad, liberación y restauración para la gloria de Dios!

Ha escrito varios libros a saber:
1) *Mayores Hazañas – Naciste para esto – Sanación, Liberación y Restauración;*

2) *La Escuela Práctica del Espíritu Santo en 8 Subtítulos;*
3) *Noticias de última hora proféticas de 2020, parte 1 de 4; 2 de 4; 3 de 4;*
4) *Sexo en el templo de Dios: 15 maneras fáciles de comprender, identificar y superar la inmoralidad sexual y las trampas emocionales en su vida;*
5) *Sin fronteras: Visualizar y experimentar una comunidad eclesiástica de creyentes sin muros, fronteras ni denominación;*
6) *Escape a un mundo de comprensión: antídoto contra el odio contra los musulmanes, cristianos y personas en todas partes;*
7) *Clueless: – Go Make Disciples, un libro práctico sobre cómo hacer discípulos;*
8) *Win Life's Battle Daily: una declaración diaria de las Escrituras orientada a ganar la vida todos los días;*
9) *Involucrar al Dios sobrenatural: Dios está ansioso por hablar si tenemos hambre de escuchar y responder;*
10) *Encienda el poder del fuego puro dentro de usted: donde el Espíritu Santo está disponible para hacer hazañas a través de nosotros y*
11) *Oraciones de avivamiento libres de 12 series de enero a diciembre: orando por avivamiento en nuestra vida en la comunidad de la iglesia que nos rodea y una serie de otros títulos traducidos a varios idiomas.*

Publica un blog semanal que llega a la audiencia en las redes sociales, la transmisión por satélite y en su sitio web de publicación otakada.org.

Enlace del blog:
https://www.otakada.org/category/blog/

Página de autor de Amazon:
https://www.amazon.com/~/e/B07MSBPFNX

Está casado con Comfort y tiene cuatro hijos: *Diana Odjo, Joseph – Ojima, David – Ojonogwa e Isaac – Unekwu.*

Grandes hazañas 2 – Cómo llegué al ministerio

Naciste para esto - Sanación, Liberación y Restauración - Descubre cómo de los Grandes - Cómo me cocinaron y me empujaron al Ministerio de Sanación, Liberación y Restauración

Amigos, no sé cómo empezar esta sección. Pero, en resumidas cuentas, desde mi concepción, la sanidad, la liberación y la restauración ya habían comenzado a suceder, desde el vientre de mi madre. ¿Como es eso?

Mi madre, una enfermera partera médica capacitada, al descubrir que estaba embarazada de un hombre que no era su esposo, debido a que estuvo separada de su primer esposo durante aproximadamente 4 años, decidió abortar el embarazo.

Mi mamá - Ruth mamá y yo

Con la ayuda de otro médico, intentaron todos los llamados para sacarme del vientre antes del tiempo señalado, pero Dios me libró de ellos, debería decir, del diablo que quería abortar el destino divino sobre mi vida. Esa fue la primera liberación de las garras de Satanás.

Ese soy yo, ¡me negué a ir! Mi papá - Zachariah

La segunda liberación y restauración fue que, unos meses después de mi nacimiento, se produjo un caso judicial entre mi padre biológico y el primer esposo de mi madre para determinar quién realmente debía tomar posesión de mí. Mi padre biológico ganó el caso. Esa fue la segunda liberación y restauración.

La tercera sanación, liberación y restauración fue mientras vivía con mi abuela alrededor de los cinco (5) años, vi un químico de soda que mi abuela compró para hacer jabón, parecía azúcar. Tomé una gran cantidad de refresco y me lo tragué. Mi lengua comenzó a derretirse, la sangre estaba por todas partes. Se me hinchó la lengua. ¡No pude hablar durante días! Gracias a Dios por el poder sanador de Dios. Fui nuevamente sanado, liberado y restaurado. Mi lengua fue sanada. Puedo hablar hoy como si nada le hubiera pasado a mi lengua.

La cuarta liberación y restauración fue de mi abuela. Se negó a entregarme a mi padre biológico. Esa era la razón por la que estaba viviendo con ella. Pero gracias a Dios, a los 6 años me soltó para unirme a mi papá.

La quinta sanidad, liberación y restauración fue en la casa de mi papá. Mi padre biológico era polígamo: tenía cuatro esposas. Un día, mientras estaba con él, una de las esposas me llamó a su habitación. Al entrar, había un anciano, de larga barba. La esposa me señaló y le dijo al anciano: "este es el niño del que te hablé". Yo los deje. En la noche, mientras soñaba, vi a este anciano montándome como un caballo. Ese fue el comienzo de mis muchos problemas.

Cuando me desperté del sueño, comencé a vomitar y a vomitar. No podía mantener la comida en mi estómago. Esta terrible experiencia continuó durante meses, me volví delgado, delgado como una pluma.

Mi mamá biológica vino a la ciudad, me llevó con mi papá, nos dirigimos a un hogar de sanidad y liberación en otra ciudad. Mientras oraban por mí, surgió una revelación. El Espíritu Santo reveló que una de las esposas de mi padre vio el futuro y sintió que este niño iba a ser un regalo de grandeza para sus propios hijos. Entonces me entregó al reino de la maldad, para que me enloquezcan y aborten el destino divino. Mientras rezaba una oración de liberación, un cabello humano, empacado en forma de una pequeña bola redonda y sostenido por dos agujas, fue arrancado de mi cabeza. Esa noche, durante la liberación, se quemaron el cabello y las agujas.

Ese fue el final de la enfermedad y en la escuela me convertí en el genio de la clase. Solía ser el penúltimo puesto en mi clase antes de esta liberación. No entendía nada de lo que se pensaba en clase. En una noche fui sanado, liberado y restaurado. ¿Aleluya? Amén

La sexta liberación y restauración sucedió mientras me admitían en la universidad. Mi papá, un hombre rico, se metió en problemas financieros. Me admitieron, pero fue una lucha para asegurar los fondos de mantenimiento. Solicité una beca en el extranjero y en los caminos de restauración de Dios, mi país y el país extranjero decidieron financiar mi educación para un programa de maestría en ingeniería. Lo que hago hoy en el ministerio donde algunos de los conocimientos adquiridos como resultado de la beca que Dios Él mismo facilitó. Hoy, soy educado por lo mejor de lo mejor. ¡Alabado sea el Señor!

Formado en telecomunicaciones y tecnología de la información por los rusos y los estadounidenses. Aquí

estoy en una estación terrestre de satélites de teletransporte en Virginia, EE. UU.

La séptima liberación y restauración sucedió en mi primer matrimonio en mi segundo matrimonio. Mi ex mujer se levantó un día y dijo que ya no estaba enamorada y que quería el divorcio. Supliqué, hice todo lo que pude para retenerla, pero se fue con mi hija. Hoy, Dios restauró el matrimonio al darme Su esposa ordenada por mí. El consuelo se ha convertido en un consuelo para mí con los tres niños.

Estos son - José, David e Isaac

La séptima sanidad, liberación y restauración sucedió con mi hija. En Francia, le diagnosticaron depresión y esquizofrenia. Ese fue un año en nuestro programa universitario. Terminó en el hospital fisiatra varias veces. Un día, solo faltaban 24 horas para su cumpleaños. Empecé a clamar al Señor declarando que ella no pasará otro día en el hospital y que será sanada en su cumpleaños. Al día siguiente, los médicos se sorprendieron por la notable transformación y restauración y la dieron de alta el día de su cumpleaños. Nunca ha vuelto a ver al pájaro del hospital desde entonces.

Diana y papá en París, Francia

Paso por alto la liberación y la restauración durante una descarga eléctrica que casi me quita la vida, la intoxicación alimentaria, los varios accidentes automovilísticos de los que salí ileso, los múltiples fracasos comerciales y la posterior restauración para la gloria de Dios todopoderoso. Demasiados para incluir en esto. ¡escribiendo!

Ahora, sirvo a Dios todopoderoso de todo corazón.

Soy Sanado, Soy Liberado y Soy Restaurado - ¡Gloria!

Le debo mi existencia a Dios todopoderoso. Es asombroso cómo Dios nos empuja al ministerio que tiene para nosotros a través de las batallas de nuestra vida. Esas batallas se convirtieron en el campo de entrenamiento que da nacimiento al ministerio. Entonces, no desperdicies tu dolor. No desprecies las luchas. No entretenga ni un ápice de vergüenza porque si puede ver a través de esas batallas, experimentará un anticipo de lo que Dios tiene reservado para usted. Cristo aprendió la obediencia por las cosas que padeció. Se sentó donde estamos sentados, vive para interceder por nosotros. Él nos demostró sanidad, liberación y restauración mientras estuvo con nosotros y nos ordenó que hiciéramos lo mismo Marcos 16:15-20

Marcos 16:15-20
Biblia Amplificada, Edición Clásica
[15] Y les dijo: Id por todo el mundo y predicad y publicad abiertamente las buenas nuevas (el Evangelio) a toda criatura [de toda [a] raza humana].
[16] El que creyere [quien se adhiere y confía y confía en el Evangelio y en Aquel a Quien lo presenta] y es bautizado, será salvo [[b ⌐de la pena de muerte eterna]; pero el que no creyere [quien no se adhiere y no confía ni depende del Evangelio y de Aquel a Quien lo presenta] será condenado.
[17] Y estas señales acompañarán a los que creen: en mi nombre echarán fuera demonios; hablarán en lenguas nuevas;
[18] Recogerán serpientes; y [aun] si bebieren algo mortífero, no les hará daño; sobre los enfermos pondrán sus manos, y sanarán.
[19] Entonces el Señor Jesús, después de haberles hablado, fue elevado al cielo y se sentó a la diestra de Dios.
[20] Y ellos salieron y predicaron por todas partes, mientras el Señor seguía trabajando con ellos y confirmando el mensaje por las señales y milagros que lo acompañaban. Amén (que así sea).

Tus batallas son auténticos campos de entrenamiento para tu propósito de vida. Haz un inventario hoy de tu vida. Es decir, si estás luchando por descubrir el propósito divino de Dios para tu vida.

Para animaros, como ejército del Dios vivo, traigo hoy al estrado de los testigos la experiencia de nuestro Sumo Sacerdote - Jesucristo en

Hebreos 5:7-10
Biblia Amplificada, Edición Clásica
[7] En los días de su carne [Jesús] ofreció peticiones definidas y especiales [por lo que no sólo quería [a] sino

que necesitaba] y súplicas con gran clamor y lágrimas a Aquel que podía [siempre] salvarlo [de] de la muerte, y fue oído por su reverencia hacia Dios [su temor piadoso, su piedad, | b | en que se rehuyó de los horrores de la separación de la brillante presencia del Padre].

8 Aunque era Hijo, aprendió la obediencia [activa, especial] por lo que padeció

9 Y, [Su experiencia completa] haciéndolo perfectamente [equipado], vino a ser Autor y Fuente de eterna salvación para todos los que le escuchan y le obedecen,

10 Siendo | c | designado y reconocido y saludado por Dios como Sumo Sacerdote según el orden (con | d | el rango) de Melquisedec.

Hoy, los Ministerios de la Iglesia Cibernética de Otakada.org ministran sanidad, liberación y restauración a través de más de 2 millones de contenido a tantos como se abran a lo milagroso en Cristo Jesús. Este ministerio fue el ministerio que el Espíritu Santo derramó en mi espíritu el 14 de junio de 2003 mientras vivía en el Reino Unido. Me dijo: "Quiero que uses Internet para difundir mi palabra hasta los confines de la tierra". En ese momento, no había teléfonos inteligentes. Hoy en día, los hay y la palabra está saliendo sin obstáculos. Otakada.org nació en enero de 2013, diez años después de la instrucción divina.

Si hay algo por lo que oro por el cuerpo de Cristo, es esto: ¡Que cada persona se encuentre individualmente con Cristo por sí misma de maneras notables que cambiarán la trayectoria de sus vidas para siempre! Amén

A continuación se muestra el encuentro con el Cristo pasa en el año 2006. Manténganse bendecidos por él.
Esto es de mi libro: ¡ *comprometerse con el Dios sobrenatural!* - Disfrutar

Historia verdadera: Mi encuentro con el Espíritu Santo en Londres Sábado, 5 am, 22 de abril de 2006

Nací en una familia cristiana, he sido cristiana, ocupada yendo a la iglesia, asistiendo a actividades y sirviendo lo mejor que pude hasta este encuentro que cambió mi vida. El 16 de marzo de 2006, estaba caminando de un lado a otro del pasillo del hospital en Londres porque mi esposa ya había estado de parto durante tres días. Los médicos finalmente concluyeron que si no tenía al bebé de forma natural por la mañana, tendría que someterse a una cesárea. Desconocido para nosotros, mi suegra ya había visto en una visión que tal vez no sobreviviera a este parto. Gracias a Dios por las suegras piadosas. Por supuesto, mi esposa y yo no sabíamos nada de esto.

Fue durante este caminar arriba y abajo que recibí una fuerte impresión en mi mente de iniciar un ayuno de cuarenta (40) días a partir del día siguiente, que fue el 17 de marzo de 2006. Me alarmé porque nunca había realizado un ayuno de cuarenta (40) días. -Día de ayuno antes. Así es como distingues los pensamientos carnales y los pensamientos impresos en ti desde nuestro corazón a nuestra mente por el Espíritu Santo en nosotros. Él te dirá que hagas algo bíblico a lo que no sucumbirás naturalmente. Inicié una conversación con el pensamiento espontáneo que se encendió en mi mente, pensamiento en respuesta a las impresiones del pensamiento, solicito saber por qué estaría orando durante cuarenta días.

La siguiente instrucción fue que debía tomar un cuaderno y un bolígrafo y comencé a escribir allí mismo en la sala del hospital las impresiones que estaba recibiendo. En lugar de orar por mi esposa, descubrí que los puntos de oración que me venían a la mente eran los pastores, las iglesias, la unidad del cuerpo y todo eso. Fue entonces cuando le pregunté a Dios, si yo fuera a realizar esta tarea, querría verlo antes de que termine este ayuno de 40 días. Creo que ahora no hubo respuesta porque la condición para que Él se manifestara iba a depender de mi obediencia a la primera instrucción de ayunar 40 días.

Un punto a tener en cuenta aquí antes de continuar con la historia es que Dios no dará el próximo paso más allá de su último punto de obediencia. Si Él te indica que hagas algo, no lo haces, Él se cierra hasta que vuelves al último punto de desobediencia y obedeces. Lee el relato de Jonás. Jonás corrió en dirección opuesta a la asignación de Dios. A través de las tormentas, mientras Jonás estuvo en desobediencia, Dios nunca habló, hasta que Jonás, después de que fracasó su intento inútil de suicidarse, clamó a Dios.

Jonás 2:1-10

1 Entonces oró Jonás a Jehová su Dios desde el vientre del pez.
2 Y dijo: Clamé al SEÑOR a causa de mi aflicción, y él me respondió. "Desde el vientre del Seol lloré, y tú oíste mi voz.
3 Porque me echaste en lo profundo, En el corazón de los mares, Y las corrientes me rodearon; Todas Tus olas y Tus ondas pasaron sobre mí.
4 Entonces dije: He sido echado de tus ojos; Sin embargo, volveré a mirar hacia Tu santo templo.'

5 Las aguas me rodearon, hasta mi alma; El abismo se cerró a mi alrededor; Las malas hierbas estaban envueltas alrededor de mi cabeza.
6 Bajé a los amarres de las montañas; La tierra con sus barrotes se cerró detrás de mí para siempre; Sin embargo, tú sacaste mi vida de la fosa, oh SEÑOR, Dios mío.
7 "Cuando mi alma desfallecía dentro de mí, me acordé del SEÑOR; Y mi oración subió hasta Ti, En Tu santo templo.
8 "Los que miran a los ídolos sin valor, abandonan su propia misericordia.
9 Mas te ofreceré sacrificios Con voz de acción de gracias; Pagaré lo que he prometido. La salvación es de Jehová."
10 Y habló Jehová al pez, y vomitó a Jonás en tierra seca.

Una palabra para alguien

"Escucha querida hija e hijo del Dios vivo y amoroso. Dios es amoroso y misericordioso, pero Dios también juega un fútbol sólido como una roca. ¿Quieres involucrarlo en un desagradable partido de fútbol? Ni siquiera lo contemples. Terminarás con la extremidad hinchada. Aun así, Él te ama y continúa amándote a ti ya mí con un amor eterno. Llevas Su Espíritu dentro de Ti. Fuiste creado a Su imagen y semejanza.

Eres su proyecto favorito, Él tiene celo por ti aún cuando estás muy, muy y muy profundo en el pecado, Él te mira con piedad, explorando, orquestando circunstancias y situaciones que te llevarán de nuevo a Su amorosa limosna. No sois vuestros, habéis sido adquiridos por precio, estáis atentos en Cristo, en Dios. Eres la niña de Sus ojos, eres realeza, eres un sacerdote para Él, eres especial. Él dice que si puedes considerar cuán brillantes son las estrellas, eres más brillante que las estrellas del cielo. Dice que no cae un solo cabello de tu cabeza que no conozca. Los cuenta y sabe su número. "

Lucas 12:4-7

4 "Y os digo, amigos Míos, no temáis a los que matan el cuerpo, y después de eso no tienen más que hacer.
5 Pero yo os mostraré a quién debéis temer: temed a aquel que, después de haber matado, tiene poder para arrojar al infierno; sí, os digo, ¡temedle!
6 "¿No se venden cinco pajarillos por dos monedas de cobre? Y ninguno de ellos es olvidado ante Dios.
7 Pero los mismos cabellos de vuestra cabeza están todos contados. No temáis, pues; más vales tú que muchos pajarillos.

Ahora el encuentro continúa: He aquí, el 22 de abril de 2006, tres días para el final del ayuno de cuarenta días exactamente a las 5 am de la mañana, Dios cumplió Su parte del trato. Estaba medio despierto cuando este Ser, en forma humana, con las manos cruzadas detrás de la espalda, se inclinó ligeramente hacia adelante, mirándome en el suelo, caminó suavemente, paso a paso, sin prisa, caminó hacia mí en el salón a través del área de la ventana. Podía distinguir Su forma pero no podía ver Su rostro con claridad.

Ya sabes el tipo de vestimenta que viste Jesús en las películas del Medio Oriente que vemos. Inmediatamente se acercó a mí, el área alrededor de mis pies donde Él estaba parado comenzó a vibrar con tanta fuerza como si nunca hubiera existido, más como el área desmaterializada por así decirlo. Mientras se movía hacia el área de mi pecho, cuello y cabeza, sucedió lo mismo y siguió yendo y viniendo. Cada área que Él dejó se recombinó nuevamente como antes y el proceso continúa como antes. No había palabras para describir el poder puro de esa experiencia; Perdí la noción del tiempo y me asusté y comencé a suplicarle que terminara y me dijera lo que quería que hiciera por Él mientras rodaba sin control por el suelo. Ese fue mi encuentro con el poder manifiesto de nuestro Padre celestial.

Después de esa experiencia de trance, comencé a tener una visión diferente del cuerpo de Cristo. En una ocasión, en el sueño, el Señor Jesucristo entró, Su cuerpo estaba desarticulado pero conectado con pequeños ligamentos de piel. Cada una de las partes era un ministerio de la iglesia. Pude distinguir ministerios con los que estaba familiarizado. Las conexiones entre las partes del cuerpo no eran firmes. Ahora entiendo que las instituciones o ministerios de la iglesia como los conocemos hoy, están dividiendo Su cuerpo, los miembros individuales de Su iglesia conforman Su cuerpo debido al orgullo, el ego mezquino y toda la lujuria que presenta la carne. Manifestándose como competencia entre iglesias, lucha de liderazgo, desvío de miembros, menoscabo de otros ministerios, lucha entre miembros de iglesia, robo de liderazgo y estilo de vida extravagante que no refleja el nivel de vida de los miembros y la lista continúa. Si sois tales, apartaos de la iniquidad, porque nuestro Dios es fuego consumidor, y acordaos del pecado de Balaam, quien por codicia monetaria, tergiversó a Dios y entregó los hijos benditos de Dios a satanás por el mal consejo del adversario.

Ahora le pregunté al Señor dónde encajaría yo en este cuerpo Suyo ligeramente conectado e inconexo. Me dijo que buscara iglesias que hicieran discípulos de los hombres y que no me conmovieran los números.

El resto es historia. Ahora me di cuenta de que mi confianza en Él se había fortalecido después del encuentro, ahora tenía un sentido de propósito y misión. Todas las asignaciones que Dios me dio en sueños posteriores fueron consistentes con esta primera asignación. No ha habido controversia en absoluto. A veces me descarrilo, pero Él amorosamente me lleva de vuelta ya veces con moretones para mostrar la desobediencia. El poder y la presencia del Espíritu Santo me ha permitido lograr cosas que, naturalmente, no podría lograr al alcanzar un área específica de asignación. Dios nos llena con Su Espíritu Santo para equiparnos para el ministerio. Nunca asumas ninguna tarea para Dios sin la habilitación y asignación divinas.

Esta revelación me dio la confianza y la seguridad de que Dios está disponible y más que deseoso de entablar una conversación con nosotros, si estamos dispuestos a sintonizarnos con Su frecuencia y pedirle con fe. Habla a través de trance (visiones abiertas) como en este caso, a través de sueños, a través de impresiones de imágenes, pensamientos espontáneos que se encienden en nuestra mente, a través de circunstancias que enfrentamos, personas que encontramos, hombres y mujeres ordenados de Dios, a través de niños, a través del silencio y a través de la palabra de Dios. Es fundamental notar que el testimonio interior y la palabra de Dios tiene que estar de acuerdo con lo que hemos visto, oído o grabado en nuestra mente. Satanás y el espíritu demoníaco también hablan, también se graban en nuestras mentes. Jesús nos ha alertado sobre esto en:-

Juan 10:27

27 Mis ovejas oyen mi voz, y yo las conozco, y me siguen.

Tarea 1
¿Has tenido un encuentro con tu Padre Celestial como el que te acabo de relatar? Si no lo has hecho, te animo a que pidas uno. No para mostrar, sino que deseas construir una relación más fuerte con Él que la que tienes ahora. Comienza en el punto en el que te encuentras. ¿Te estás

perdiendo la marca, comienza desde allí. Acuérdense del hijo pródigo, el padre lo acogió a pesar del pecado. Ese es el corazón del padre. A veces, nos metemos en un lío porque no sentimos a Dios en nuestras vidas. Él está esperando, esperando para involucrarnos a ti ya mí.

Deténgase ahora mismo y ore pidiéndole que se le revele, me refiero a una manifestación tangible. No son algunos encuentros inútiles que simplemente olvidas en cuestión de días. Cada vez que recuerdo la experiencia anterior, es tan fresca como siempre. Está grabado en mi ADN para siempre. Pídele que se revele a un ser amado, una esposa, un esposo, un compañero, etc. y créelo. Mira qué pasa. Dios quiere que le crean, anhela que le crean. Nuestra fe dice te creo y cuenta contigo para hacer lo que quieres hacer.

Ahora, aparte de la serie de sanidad, liberación y restauración que experimenté personalmente, los siguientes eventos alimentaron mi ira hacia este ministro - Mi madre murió a los 44 años de presión arterial alta - Mi hermana mayor murió a los 44 años de cáncer de mama y mi padre a los 44 años 77 de cáncer de próstata. Entonces, estoy enojado con satanás por robar a mis seres queridos y tengo hambre de obtener lo mejor de Dios. No solo por mí sino por los demás para que no tengan que perder a sus padres o hermanos a una edad temprana y puedan cumplir sus días con una salud sana y perfecta en el nombre de Jesús, amén.

Dios me prometió a mí y a ti esto en:

Éxodo 23:25-27
Biblia Amplificada, Edición Clásica
25 A Jehová vuestro Dios serviréis; Bendecirá tu pan y tu agua, y yo quitaré la enfermedad de en medio de ti.
26 Ninguna perderá su cría por aborto ni será estéril en vuestra tierra; Cumpliré el número de tus días.

27 Enviaré Mi terror delante de ti y confundiré a todos los pueblos adonde llegarás, y haré que todos tus enemigos se aparten de ti [en fuga].

Junto contigo, tengo la intención de cumplir esa promesa en el nombre de Jesús. Amén. En este libro *"Grandes Hazañas – Naciste para esto – Sanación, Liberación y Restauración – Descúbrelo de los Grandes* de los registros de más de 100 años de hazañas de hombres y mujeres de Dios, Dios usó para su tiempo. También es para nosotros. El libro le mostrará cómo. Ya estamos viendo resultados a través de la aplicación de los aprendizajes y usted también debe hacerlo. Amén

Greater Exploits 2 – Acerca del editor

Naciste para esto: curación, liberación y restauración: descubre cómo de los grandes: sobre el editor

En la publicación de Otakada Cyber Church Ministries, estamos sembrando las naciones con más de 2 millones de contenido cristiano centrado, ¡y Dios está transformando vidas a través de la verdad eterna en su palabra!

Junto con USTEDES, estamos construyendo TEMPLOS ESPIRITUALES MASIVOS en NUESTROS CORAZONES para que el Espíritu de Dios MORA y FUNCIONE con FACILIDAD en estos TIEMPOS y ESTACIONES, así que QUÉDESE con nosotros y CONSTRUYA con nosotros mientras Dios sana, libera y restaura nuestras almas en ¡Nombre de Jesús, Amén!

Mira esto en *1 Tesalonicenses 5:23, 2 Timoteo 1:7 Hebreos 4:12-13; 1 Corintios 3: 1-17; Levítico 26:12; Jeremías 32:38; Ezequiel 37:27; 2 Corintios 6:16; 1 Juan 4:4*
Leer – 1 Tesalonicenses 5:23 Biblia Amplificada (AMP) [23] Y el mismo Dios de paz os santifique por completo [es decir, os separe de las cosas profanas y vulgares, os haga puros, íntegros e indemnes—consagrados a Él— establecidos aparte para Su propósito]; y que vuestro espíritu, alma y cuerpo se conserven completos y [se

hallen] irreprensibles en la venida de nuestro Señor Jesucristo.

Nuestra pasión por los Ministerios de la Iglesia Cibernética de Otakada es la unidad en el cuerpo de Cristo, en general, y equipar a las comunidades basadas en la fe y llegar a los buscadores en línea a través de contenido, productos y servicios saludables que mejoran de manera integral el espíritu, el alma y el cuerpo. del individuo y fomentar la unidad en el cuerpo de Cristo!

Quiénes somos en Otakada Cyber Church Ministries está ligado a nuestros *valores, visión y misión,* como se destaca a continuación:

Nuestros Valores: Integridad, Excelencia, Rapidez y Rentabilidad.
Nuestra Visión: Tenemos la visión de un mundo discipulado.
Nuestra Misión: Todos nuestros recursos estarán orientados a crear y distribuir contenido cristiano atractivo para el discipulado de todas las naciones.

Nuestro objetivo en Otakada Cyber Church Ministries es involucrar efectivamente *a 100 millones de almas para 2040 mientras el Señor se demora.* ..Quédate con nosotros.

Puede asociarse con lo que hacemos visitando nuestra página de asociación https://www.otakada.org/partnership-giving/

visita https://shop.otakada.org para libros electrónicos que te ayuden a crecer en el Señor

EE. UU. +1-302-772-7022;

EE. UU. +1-302-268-6313;
Nigeria +2348032835348; (WhatsApp)
EE. UU. +1-240-623-1530, también WhatsApp
info@otakada.org

Mayores hazañas 2 – Reconocimiento

Naciste para esto – Sanación, Liberación y Restauración – Descubre cómo de los Grandes – Reconocimiento

Este libro no habría salido a la luz sin la contribución del siguiente gran pueblo de Dios a través de materiales que han enriquecido este libro:

- *John G. Lago*
- *Smith Wigglesworth*
- *Lester Sumrall*
- *Kenneth E Hagin*
- *Y una gran cantidad de otros de los que he aprendido a lo largo de los años.*

También quiero agradecer a mi esposa, Comfort, y a mis cuatro hijos, Diana, Joseph, David e Isaac, quienes han contribuido material a través de nuestras experiencias de vida. Las luchas, los altibajos, los éxitos y los fracasos que nos han ayudado a canalizarnos hacia el propósito divino en Cristo. Dios los bendiga a todos abundantemente en miríadas de maneras incomparables en el nombre de Jesús, ¡Amén!

Mayores hazañas 2 – Dedicación

Naciste para esto – Sanación, Liberación y Restauración – Descubre cómo de los Grandes – Dedicación

Dedico este libro a Dios Padre por crearme y preservar mi vida.

Dedico este libro al Señor Jesucristo por el supremo sacrificio que me concedió acceso sin restricciones ni restricciones al Padre y en comunión con Dios el Padre, el Hijo y el Espíritu Santo.

Dedico este libro a Dios el Espíritu Santo, por el poder y el empoderamiento, por la enseñanza, por la dirección y por la presencia consoladora siempre para que pueda ser todo lo que Cristo murió para darme y hacerme.

Dedico este libro a mi esposa, Comfort and the Children, Diana, Joseph, David e Isaac en el viaje de la vida conmigo con pocas o ninguna opción hacia lo desconocido en Dios.

Grandes hazañas 2 - Introducción

Naciste para esto – Sanación, Liberación y Restauración – Descubre cómo de los Grandes - Introducción

Esta nueva serie *"Greater Exploits 2 – You are Born for this – Healing, Deliverance and Restoration – Discover How from the Greats"* es una continuación de **"Greater Exploits"** . Encontrará en esta nueva serie historias reales frescas, más de cincuenta (50) testimonios para reforzar el mensaje y reforzar su aprendizaje para aplicarlo en su vida y en la vida de los demás.

En este libro, *"Grandes hazañas 2 – Naciste para esto – Sanación, liberación y restauración – Descubre cómo de los grandes",* hemos incluido un *podcast de audio y enlaces para cargar videos de los capítulos 11 al 18 para que los escuches y los escuches. viendo el placer sobre la marcha.*

En este libro, *"Grandes Hazañas 2 – Naciste para esto – Curación, Liberación y Restauración – Descubre cómo de los Grandes",* encontrarás *oraciones de pagadores de acuerdos, autocuración, liberación y restauración al final de los capítulos 11 – 18 porque este es un libro práctico de cómo hacerlo usted mismo.*

En este libro, *"Grandes hazañas 2 – Naciste para esto – Sanación, liberación y restauración – Descubre cómo de los grandes", encontrarás* biografías *de los grandes y lo que los hizo grandes para que puedas aprender el proceso y convertirte en genial tú mismo.*

En este libro, *"Grandes Hazañas 2 – Naciste para esto – Sanidad, Liberación y Restauración – Descubre cómo de los Grandes", encontrarás* testimonios *a través de los años para fortalecer tu fe en Dios porque Él todavía está aquí y disponible solo como en los días bíblicos hacer mucho, abundantemente por encima de todo lo que puedas pensar, contemplar o imaginar según el poder que obra en ti si se lo permites.*

En el capítulo 11 de *"Greater Exploits 2", encontrarás Basta ya de cautiverio y bienvenido a la libertad en Cristo ¿QUIÉN SOY YO? ¿Quién eres en Cristo Jesús? ¿Qué debemos hacer al respecto para vivir verdaderamente en Libertad en Cristo Jesús? – La historia de Jackie Chan + Lester Sumrall muestra quién es en tres (3) historias – La liberación de Cornelio, El niño de doce años que desaparece y reaparece y otras historias para construir Tu fe y la mía de que es POSIBLE, Tú naces ¡este! parte 10*

En el capítulo 12 de *"Greater Exploits 2, encontrarás Ya es suficiente para el cautiverio de Satanás y bienvenido a la libertad en Cristo: ¿cómo puedo hacer el trabajo cuando tengo hambre y sed? + Testimonios de Kenneth E. Hagin parte 11*

En el capítulo 13 de *"Greater Exploits 2", encontrará Suficiente es suficiente para el cautiverio y bienvenido a la libertad, PERO en esta ÚNICA cosa, todos hemos FRACASADO LAMENTABLEMENTE y le hemos dado a Satanás un punto de apoyo en el viaje de nuestra vida, lo que socava nuestra eficacia como verdaderos embajadores de Cristo. en este reino terrenal – ¡Hoy es el DÍA DE LA*

PAZ! + The Awesome 490 Story+ Cuanto cuesta una copa de odio por Gbile Akanni Parte 12

En el capítulo 14 de *"Greater Exploits 2", encontrará **Basta ya de la CAUTIVERIO del diablo y Bienvenido a la LIBERTAD en Cristo Jesús – ¡La Palabra Funciona! ¡El nombre de Jesús funciona! ¡Háblale! ¡Habla contigo mismo! Hablar de las circunstancias y situaciones a la luz de las Palabras de Jesús. Activa el poder en Su Palabra por Tu Voz + serie de historias edificantes de Smith Wigglesworth sobre el asombroso nombre de Jesús cuando todo lo demás falla y permanece sano, liberado y restaurado a través de ellos - parte 13***

En el capítulo 15 de *"Greater Exploits 2", encontrará **Suficiente es Suficiente para el cautiverio de Satanás y Bienvenido a la libertad en Cristo - Cincuenta (50) Escrituras con energía nuclear que los santos de antaño usaron para VOLTEAR su MUNDO al revés, descargadas para usted en audio en 30 minutos: ¡echa un vistazo a Otakada.org para que puedas hacer lo MISMO! parte 14***

En el capítulo 16 de *"Grandes Hazañas 2", encontrará **Suficiente es Suficiente para el Cautiverio de Satanás y Bienvenido a la Libertad en Cristo Jesús - Aquí Esto: – Dios dice, "No hago nada fuera de mi CONTRATO(s) con USTEDES y tengo ¡CLÁUSULA(S) DE SALIDA también!" + Cómo DESARROLLAR y APROPIAR el tipo de FE de Dios + Está terminado, NO necesitas ORAR al respecto, necesitas ESTAR DE ACUERDO con Su palabra en FE por Kenneth E. Hagin - parte 15***

En el capítulo 17 de *"Greater Exploits 2", encontrará **Suficiente es Suficiente para el cautiverio de Satanás y Bienvenido a la Libertad en Cristo Jesús – El Poder***

Residente en la Comunión + ¡Detengan los esfuerzos de auto-sabotaje y vivan en paz unos con otros! True Healing Story – ¡Se ha roto una maldición! parte 16

En el capítulo 18 de **"Greater Exploits 2"**, *encontrará* **Basta ya del cautiverio de Satanás y Bienvenido a la libertad en Cristo Jesús – Tormentas de la vida – ¿Creemos en Él o creemos en Él? Yo creo, ayuda mi incredulidad – Historia real por BETH parte 17**

En la parte final de **"Greater Exploits 2"**, *encontrará* **las conclusiones para que confirme si el libro ha cumplido con sus expectativas y también se incluyen los enlaces de la página de salvación y el viaje de discipulado de 40 días.**

¡Disfrutar!

Grandes hazañas 2 – Biografías

Naciste para esto: curación, liberación y restauración: descubre cómo de los grandes: biografías breves

John G. Lake – Smith Wigglesworth – Lester Sumrall – Kenneth E. Hagin

Para comenzar a apreciar a las personas y para qué las ha usado Dios en nuestra generación, tú y yo debemos comenzar a mirar hacia atrás en su historia. Si hay algo en lo que la humanidad ha fallado lamentablemente, es esto: la incapacidad de mirar hacia atrás con un interés afín y aprender de la historia para que podamos comenzar a trazar una causa de acción positiva y bien informada en el futuro.

Es a este respecto que he incluido en Mayores hazañas lo que dio forma a su pensamiento que los impulsa a lograr más allá de lo ordinario para Dios.

¡Entonces, tenga cuidado con esto, aprenda cuando sea necesario y aplique para avanzar en su vida y en la vida de los demás dentro y fuera de su círculo para la gloria de Dios!

John G. Lake en Detalles: - Cómo me llamaron al Ministerio contado por él mismo

Nadie puede entender el tremendo dominio que la revelación de Jesús como un Sanador actual tomó sobre mi vida, y lo que significó para mí, a menos que primero entiendan mi entorno.

Yo era uno de 16 hijos. Nuestros padres eran personas fuertes, vigorosas y saludables. Mi madre murió a la edad de 75 años, y mi padre, todavía vive en el momento de escribir este artículo, y tiene 77 años.

Antes de mi conocimiento y experiencia del Señor como nuestro Sanador, enterramos a ocho miembros de la familia. Una extraña sucesión de enfermedades, con resultado de muerte, había seguido a la familia. Durante 32 años algún miembro de nuestra familia estuvo inválido. Durante este largo período, nuestro hogar nunca estuvo exento de la sombra de la enfermedad. ,

Cuando pienso en mi infancia y juventud, me vienen a la mente recuerdos como una pesadilla: enfermedades, médicos, enfermeras, hospitales, coches fúnebres, funerales, cementerios y lápidas; una casa afligida; una madre con el corazón roto y un padre afligido, luchando por olvidar las penas del pasado, para ayudar a los miembros vivos de la familia que necesitaban su amor y cuidado.

Cuando Cristo se nos reveló como nuestro Sanador, mi hermano que había estado inválido durante 22 años, en quien mi Padre había gastado una fortuna por asistencia médica inútil, se estaba muriendo. Sangraba incesantemente de sus riñones y se mantenía vivo a través de la asimilación de la sangre creando alimentos que producían sangre casi tan rápido como fluía de su persona. Nunca he conocido a ningún hombre que sufriera tanto y durante tanto tiempo como él.

Una hermana, de 34 años, moría entonces con cinco cánceres en el seno izquierdo. Antes de ser rechazada para morir, un cirujano alemán de renombre la había operado cinco veces en un gran hospital en Detroit, Michigan. Después de las operaciones, se desarrollaron otras cuatro "cabezas", lo que resultó en cinco cánceres en total.

Otra hermana yacía muriendo de un flujo de sangre. Día tras día, su sangre vital fluyó hasta que estuvo en las agonías de la muerte.

En mi propia vida y circunstancias, había condiciones similares. Me había casado y establecí mi propio hogar; pero muy pronto después del matrimonio, la misma cadena de condiciones que había seguido a la familia de mi padre pareció aparecer en la mía. Mi esposa quedó inválida debido a una enfermedad cardíaca y tuberculosis. Perdería la acción de su corazón y caería en la inconsciencia. A veces la encontraba inconsciente tirada en el suelo o en su cama, después de haber sido golpeada repentinamente.

Se hicieron necesarios estimulantes cada vez más fuertes para revivir su corazón hasta que empezamos a usar tabletas de nitroglicerina en un último y heroico esfuerzo por estimular la acción de su corazón.

Después de estos ataques cardíacos, permanecía en un estado semiparalítico durante semanas, como resultado de un exceso de estimulación, dijeron los médicos.

Pero de repente, en medio de la oscuridad más profunda, cuando los médicos desconcertados dieron un paso atrás y reconocieron su incapacidad para ayudar, cuando la nube de oscuridad y muerte se cernía nuevamente sobre la familia, el mensaje de un ministro piadoso, lo suficientemente grande y fiel a Dios. proclamar toda la verdad de Dios, trajo la luz de Dios a nuestras almas!

Llevamos a nuestro hermano moribundo a un Hogar de Curación en Chicago, donde se oró por él con la imposición de manos. Recibió una curación instantánea y se levantó de su lecho de muerte como un hombre sano. Caminó cuatro millas, regresó a casa y se asoció en el negocio de nuestro padre.

¡Gran gozo y maravillosa esperanza brotaron en nuestros corazones! Una manifestación real del poder sanador de Dios estaba ante nosotros. Rápidamente hicimos arreglos para llevar a nuestra hermana que sufría de cáncer, a la misma Casa de Curación. Allí la tuvimos que llevar en camilla. Mientras la llevábamos a la reunión de sanación, ella estaba hablando dentro de su alma, Otros pueden ser sanados porque son muy buenos, pero me temo que la sanación no es para mí. Parecía más de lo que su alma podía comprender.

Pero después de escuchar desde su catre la predicación y enseñanza de la Palabra de Dios sobre la sanidad por medio de Jesucristo, la esperanza brotó en su alma. Se oró por ella y se impusieron manos sobre ella. Al elevarse la oración de fe a Dios, el poder de Dios descendió sobre ella, estremeciendo su ser. ¡Su dolor desapareció instantáneamente! La hinchazón desapareció gradualmente. El cáncer central grande se volvió negro y en unos pocos días se cayó. Los más pequeños desaparecieron. El seno mutilado comenzó a crecer de nuevo y se convirtió nuevamente en un seno perfecto.

¡Cómo se estremeció nuestro corazón! ¡Las palabras solas no pueden contar esta historia! Una nueva fe brotó dentro de nosotros. Si Dios pudiera sanar a nuestro hermano moribundo ya nuestra hermana agonizante, haciendo que los cánceres desaparecieran, ¡Él podría sanar cualquier cosa o persona!

Entonces nuestra hermana con el flujo de sangre comenzó a buscar a Dios para su sanidad. Ella y su esposo eran cristianos devotos; y aunque oraron, sus oraciones parecieron no ser contestadas por un tiempo. Entonces, una noche, recibí una llamada telefónica y me dijeron que si deseaba verla en esta vida, debía acercarme a su cama de inmediato.

Al llegar, descubrí que la muerte ya estaba sobre ella. Ella había fallecido en la inconsciencia. Su cuerpo estaba frío. No se percibía pulso. Nuestros padres se arrodillaron, llorando, junto a su cama, y su esposo se arrodilló a los pies de la cama con dolor. Su bebé yacía en su cuna.

Un gran clamor a Dios, como nunca antes había salido de mi alma, subió a Dios. ¡Ella no debe morir! ¡Yo no lo tendría! ¿No había muerto Cristo por ella? ¿No se había manifestado el poder sanador de Dios para los demás, y ella no debería ser sanada igualmente?

Ninguna palabra mía puede transmitir a otra alma el clamor que estaba en mi corazón y la llama del odio por la muerte y la enfermedad que el Espíritu de Dios había encendido dentro de mí. ¡La misma ira de Dios parecía poseer mi alma!

Después de llamar y telegrafiar a algunos amigos creyentes para que nos ayudaran en la oración, llamamos a Dios. Reprendí el poder de la muerte en el nombre de Jesucristo. En menos de una hora, nos regocijamos al ver la evidencia del regreso de la vida. ¡Mi hermana fue completamente sanada! Cinco días después vino a la casa de mi padre y se unió a la familia para la cena de Navidad.

Mi esposa, que había estado muriendo lentamente durante años, sufriendo agonías indecibles, fue la última de los cuatro en recibir el toque sanador de Dios. Pero, oh, antes de que el poder de Dios viniera sobre ella, me di cuenta como nunca antes del carácter de consagración que Dios estaba pidiendo, y lo que un cristiano debería dar a Dios.

Día tras día, la muerte silenciosamente se apoderó de ella. Luego llegaron las horas finales. Un hermano ministro que estaba presente se acercó y se paró junto a su cama. Luego, volviendo a mí con lágrimas en los ojos, dijo: "Reconcíliate para dejar morir a tu esposa".

Pensé en mis bebés. Pensé en aquella a quien amaba como en mi propia alma, y una llama ardió en mi corazón. ¡Sentí como si Dios hubiera sido insultado por tal sugerencia! Sin embargo, tenía muchas cosas que aprender.

En medio de la tormenta de mi alma, regresé a casa, tomé mi Biblia de la repisa de la chimenea y la arrojé sobre la mesa. Si alguna vez Dios hizo que la Biblia de un hombre se abriera con un mensaje que su alma necesitaba, seguramente lo hizo por mí.

El Libro se abrió en el capítulo 10 de los Hechos, y mis ojos se posaron en el versículo 38, que decía: Dios ungió con el Espíritu Santo y con poder a Jesús de Nazaret, el cual anduvo haciendo bienes, y sanando a todos los oprimidos por el DIABLO. ; porque Dios estaba con él.

Como un relámpago caído del cielo, estas palabras traspasaron mi corazón: ¡Oprimidos del diablo! Entonces, ¡Dios no fue el autor de la enfermedad! ¡Y las personas a quienes Jesús sanó no habían sido enfermadas por Dios!

Tomando apresuradamente una referencia a otra porción de la Palabra, leí las palabras de Jesús en Lucas 13 16. ¿No debería esta mujer . . . a quien SATANÁS HA ATADO, he aquí, estos dieciocho años, ¿será desatado de este vínculo? Una vez más, Jesús atribuyó la enfermedad al diablo.

¡Qué fe brotó en mi corazón! ¡Qué llama de conocimiento de la Palabra de Dios y del ministerio de Jesús inundó mi alma! Vi como nunca antes por qué Jesús sanaba a los enfermos: estaba haciendo la voluntad de su Padre; y al hacer la voluntad de su padre, estaba destruyendo las obras del diablo. Hebreos 2 14.

Dije en mi alma: Esta obra del diablo, esta destrucción de la vida de mi esposa en el nombre de Jesucristo, cesará, porque Cristo murió y Él mismo tomó nuestras enfermedades y llevó nuestras dolencias.

Decidimos las 9:30 am como el momento en que se ofrecería oración por la recuperación de mi esposa. Una vez más, llamé por teléfono y telegrafié a mis amigos para que se unieran a mí en oración.

A las 9:30 me arrodillé en su lecho de muerte e invoqué al Dios vivo. El poder de Dios vino sobre ella, estremeciéndola de pies a cabeza. Su parálisis se fue, su

el corazón se normalizó, la tos cesó, la respiración se normalizó y la temperatura se normalizó. El poder de Dios fluía, a través de ella, aparentemente como la sangre fluye por las venas,

Mientras oraba, escuché un sonido de sus labios, no el sonido de debilidad como antes, sino una voz fuerte y clara. Ella gritó: "¡Alabado sea Dios, estoy sana! Con eso, agarró la ropa de la cama, la arrojó hacia atrás y en un momento estaba de pie en el suelo.

¡Que dia! ¿Alguna vez lo olvidaré? El poder de Dios emocionó nuestras almas, y el gozo de Dios poseyó nuestros corazones a causa de su recuperación.

La noticia se extendió por toda la ciudad, el estado y la nación. Los periódicos lo discutieron y nuestra casa se convirtió en un centro de investigación. La gente viajaba grandes distancias para verla y hablar con ella. Estaba inundada de cartas.

Una nueva luz amaneció en nuestras almas. La iglesia nos había enseñado diligentemente que los días de los milagros habían pasado; y creyendo esto, se había permitido morir a ocho miembros de la familia. Pero, ahora, con la luz de la verdad brillando en nuestros corazones, lo vimos como una mentira, sin duda inventada por el diablo y anunciada diligentemente como verdad por la iglesia, robando así a la humanidad su legítima herencia a través de la sangre de Jesús.

La gente vino a nuestra casa diciendo: "Ya que Dios te ha sanado, seguramente Él nos sanará a nosotros. Ora por nosotros". Nos obligaron a ello. Dios respondió, y muchos fueron sanados.

Han pasado muchos años desde entonces, pero no ha pasado un día en el que Dios no haya respondido a la oración. He dedicado mi vida, día y noche, a este ministerio; Todas las personas han sido sanadas no por uno y dos, ni por cientos, ni siquiera por miles, sino por decenas de miles.

A su debido tiempo, Dios me llamó a Sudáfrica, donde fui testigo de una manifestación del poder sanador de Dios como tal vez el mundo no haya visto desde los días de los apóstoles.

Los hombres cristianos fueron bautizados en el Espíritu Santo, salieron en el gran poder de Dios, proclamando el nombre de Jesús e imponiendo las manos sobre los enfermos. ¡Y los enfermos fueron sanados! Pecadores, presenciando estas evidencias del poder

de Dios, gritaron de alegría y se entregaron al servicio de Dios. Como en los días de Jesús: Hubo gran gozo en aquella ciudad y aquella nación Hechos 8 8.

Finalmente, Dios me trajo a Spokane, donde hemos ministrado a cientos de personas enfermas cada semana. La ciudad está llena de alabanzas a Dios Más debido a las benditas manifestaciones del poder sanador de God's Adventures In God en todas partes. La gente ha venido desde tan lejos como 5,000 millas de distancia para curarse. Algunos han escrito cartas. Otros han telegrafiado. Algunos han telegrafiado desde la mitad del mundo, pidiendo oración, y Dios ha respondido amablemente.

Ministros e iglesias por toda la tierra han visto que, aunque la iglesia ha enseñado que los días de los milagros sólo pertenecían a los tiempos de los apóstoles, esa declaración era una falsedad. Han visto que el poder sanador de Dios está tan disponible para el alma honesta hoy como lo estuvo en los días de Cristo en la tierra. Los dones y llamamientos de Dios son sin arrepentimiento, y Jesús sigue siendo el Sanador.

Smith Wigglesworth

"Apóstol de la Fe"

Smith Wigglesworth nació en 1859 en una familia muy pobre. Su padre hacía trabajo manual, por muy poco dinero. El propio Smith se puso a trabajar a la edad de seis años para ayudar con los ingresos familiares. A los seis estaba arrancando nabos ya los siete trabajaba en un molino de lana doce horas al día. Sus padres no conocían a Dios, pero Smith anhelaba en su corazón conocerlo. Incluso de joven rezaba en los campos. Su abuela fue la cristiana crítica en su vida. Ella era una metodista wesleyana y llevaría a Smith a las reuniones con ella. En una de estas reuniones, se cantaba una canción sobre Jesús como el cordero y Smith se dio cuenta del amor de Dios por él y su decisión de creer en Cristo para su salvación se decidió ese día. Inmediatamente se llenó del deseo de evangelizar y llevó a su propia madre a Cristo.

Smith tiene varias experiencias en la iglesia mientras crecía. Primero fue a una iglesia episcopal y luego a los trece años a una iglesia metodista wesleyana. Cuando tenía dieciséis años se involucró en el Ejército de Salvación. Se sintió profundamente llamado a ayunar y orar por las almas perdidas. Vio a muchas personas venir a Cristo. A los diecisiete años, un mentor compartió con él sobre el bautismo en agua y decidió bautizarse. El Ejército de Salvación estaba experimentando un tremendo nivel del poder de Dios en esos días. Describe reuniones en las que "muchos se postraban bajo el poder del Espíritu, a veces hasta veinticuatro horas seguidas". Orarían y ayunarían y clamarían por la salvación de cincuenta o cien personas durante la semana y verían por lo que habían orado.

A los dieciocho Smith dejó la fábrica y se hizo plomero. Se mudó a Liverpool cuando tenía veinte años y continuó trabajando durante el día y ministrando durante su tiempo libre. Se sintió llamado a ministrar a los jóvenes y los llevó a las reuniones. Estos eran niños indigentes y harapientos, a quienes a menudo alimentaba y cuidaba. Cientos se salvaron. A menudo se le pedía a Smith que hablara en las reuniones de Salvación y se derrumbaba y lloraba bajo el poder de Dios. Muchos vendrían al arrepentimiento en esas reuniones a través de este hombre inexperto. A los veintitrés años regresó a Bradford y continuó su trabajo con el Ejército de Salvación.

En Bradford, Smith conoció a Mary Jane Featherstone, conocida como Polly, la hija de un profesor de templanza. Se fue de casa y se fue a Bradford para tomar un trabajo de sirvienta. Una noche se sintió atraída por una reunión del Ejército de Salvación. Escuchó a la mujer evangelista, Gipsy

Tillie Smith, y entregó su corazón a Cristo. Smith estuvo en esa reunión y vio su corazón por Dios. Polly se convirtió en una salvacionista entusiasta y el general Booth le otorgó una comisión. Desarrollaron una amistad, pero Polly fue a Escocia para ayudar con una nueva obra salvacionista. Eventualmente regresó a Bradford y se casó con Smith, quien estaba muy enamorado de ella.

La pareja trabajó junta para evangelizar a los perdidos. Abrieron una pequeña iglesia en una parte pobre de la ciudad. Polly predicaría y Smith haría los llamados al altar. Sin embargo, durante una temporada, Smith estuvo tan ocupado con su trabajo de plomería que su fervor evangelístico comenzó a decaer. Polly continuó, llevando a Smith a la convicción. Un día, mientras Smith estaba trabajando en el pueblo de Leeds, escuchó de una reunión de sanidad divina. Compartió con Polly al respecto. Necesitaba sanación y por eso fueron a una reunión, y Polly fue sanada.

Smith luchó con la realidad de la curación, mientras él mismo estaba enfermo. Decidió dejar la medicina que estaba tomando y confiar en Dios. Él fue sanado. Tuvieron cinco hijos, una niña y cuatro niños. Una mañana, dos de los niños estaban enfermos. El poder de Dios vino y oraron por los niños y fueron sanados instantáneamente. Smith luchó con la idea de que Dios lo usaría para sanar a los enfermos en general. Reunía a un grupo de personas y las conducía a orar en Leeds. Los líderes de la reunión iban a una convención y dejaron a Smith a cargo. Estaba horrorizado. ¿Cómo podría dirigir una reunión sobre sanidad divina? Intentó pasárselo a otra persona, pero no pudo. Finalmente dirigió la reunión y varias personas fueron sanadas. Eso fue todo. A partir de entonces, Smith comenzó a orar por la curación de las personas.

Smith tenía que dar otro salto. Había oído hablar de los pentecostales que estaban siendo bautizados en el Espíritu Santo. Iba a las reuniones y tenía tanta hambre de Dios que creó un alboroto y los miembros de la iglesia le pidieron que se detuviera. Fue a la oración y oró durante cuatro días. Finalmente se estaba preparando para regresar a casa y la esposa del vicario oró por él y cayó bajo el poder de Dios y habló en lenguas. Todo cambió después de eso. Caminaría entre la gente y ellos vendrían bajo la convicción del Espíritu Santo y serían salvos. Empezó a ver milagros y sanidades y la gloria de Dios caía cuando oraba y predicaba.

Smith tuvo que responder a las muchas llamadas que llegaron y renunció a su negocio por el ministerio. Polly murió inesperadamente en 1913, y esto fue un verdadero golpe para Smith. Rezó por ella y ordenó que la muerte la liberara. Ella se levantó pero dijo: "Smith, el Señor me quiere". Su respuesta desconsolada fue "Si el Señor te quiere, no te sostendré". Ella había sido su luz y alegría durante todos los años de su matrimonio, y lamentó profundamente la pérdida. Después de que enterraron a su esposa, él fue a su tumba, sintiendo que quería morir. Cuando Dios le dijo que se levantara y fuera, Smith le dijo que solo si me "daba una doble porción del Espíritu, la de mi esposa y la mía, iría y predicaría el Evangelio. Dios fue misericordioso conmigo y respondió a mi pedido. " Su hija Alice y su yerno James Salter comenzaron a viajar con él para manejar sus asuntos.

Smith rezaba y los ciegos veían, y los sordos eran sanados, la gente salía de las sillas de ruedas y los cánceres eran destruidos. Una historia notable es cuando oró por una mujer en un hospital. Mientras él y un amigo rezaban, ella murió. La sacó de la cama, la puso contra la pared y le dijo "en el nombre de Jesús reprendo esta muerte". Todo su cuerpo comenzó a temblar. El dijo "en el nombre de Jesús camina", y ella caminó. Dondequiera que iba, enseñaba y luego mostraba el poder de Dios. Empezó a recibir solicitudes de todo el mundo. Enseñó en Europa, Asia, Nueva Zelanda y muchas otras áreas. Cuando la multitud se hizo muy grande, comenzó una "curación al por mayor". Haría que todos los que necesitaban sanidad se pusieran las manos encima y luego oraba. Cientos serían sanados a la vez.

Durante el ministerio de Smith se confirmó que 14 personas resucitaron de entre los muertos. Miles fueron salvos y sanados e impactó continentes enteros para Cristo. Smith murió el 12 de marzo de 1947 en el funeral de su querido amigo Wilf Richardson. Su ministerio se basó en cuatro principios "Primero, lee la Palabra de Dios. Segundo, consume la Palabra de Dios hasta que te consuma. Tercero, cree en la Palabra de Dios. Cuarto, actúa sobre la Palabra".

Lester Sumrall - Biografía ampliada

Dr. Lester Sumrall
"No estaré satisfecho a menos que gane un millón de almas para Jesús todos los días".

Un tributo a una vida victoriosa

Pocos evangelistas han visto tanto del mundo como fue testigo de Lester Sumrall. Como uno de los predicadores más coloridos del siglo XX, Lester comenzó como un predicador joven y apasionado durante la depresión y, cuando todo estuvo dicho y hecho, dejó al mundo con un legado de lo que podía lograr la fe simple y determinada en Dios. A la edad de 74 años, fundó un ministerio humanitario mundial destinado a acabar con el hambre entre quienes luchan por sobrevivir en medio de la pobreza, el hambre, los desastres y la guerra. Lester Sumrall fue un hombre que se arrojó a los pies de Jesucristo, poseyendo un celo y compromiso con Dios que aún asombra a quienes lo conocieron.

Lester Sumrall (1913-1996) fue un pastor y evangelista de renombre mundial, que entró en el servicio de tiempo completo para Dios después de experimentar un encuentro dramático y transformador con Jesucristo. A la edad de 17 años, mientras yacía en su lecho de muerte aquejado de tuberculosis, recibió una visión.

Suspendido en el aire a la derecha de su cama había un ataúd; a su izquierda había una gran Biblia abierta. Escuchó estas palabras: "Lester Sumrall, ¿cuál de estos elegirás esta noche?" Tomó su decisión: predicaría el Evangelio mientras viviera. Cuando Lester Sumrall se despertó a la mañana siguiente, estaba completamente curado y sirvió al Señor durante sesenta y cinco años.

Lester Sumrall viajó por el mundo ministrando en 110 países, incluidos la Siberia soviética, Rusia, el Tíbet y China. Durante su vida escribió más de 130 libros. Su asociación evangelística (LeSEA – Ministerios Evangelísticos de Lester Sumrall con sede en South Bend, Indiana), sigue difundiendo activamente la Palabra de Dios. Los ministerios de LeSEA incluyen alcances como Indiana Christian University, Sumrall Publishing y LeSEA Broadcasting, que posee y opera 13 estaciones de televisión cristianas, 3 estaciones de radio FM, 5 estaciones de radio de onda corta internacional y 2 canales satelitales que cubren todos los continentes de África, Asia y Europa . . LeSEA Broadcasting llega al 90% de la población mundial con el propósito especial de llevar millones de almas al cielo.

La creación de un campeón

Lester Frank Sumrall nació de Betty y George Sumrall de Nueva Orleans el 15 de febrero de 1913.

"Mi madre había decidido, incluso antes de que yo naciera, que iba a ser predicador. Ella había orado fervientemente por mí mientras estaba en su vientre, cuando yo no podía hacer nada al respecto, ¡excepto patear un poco! Nací en casa, el hijo número seis y completamente inesperado".

"Mi madre era una mujer gentil, amable y piadosa. La amaba y quería complacerla, pero no quería ser como ella porque eso significaba que tenía que ser bueno. Por otro lado, si seguía los pasos de mi padre, podría ser mi propio jefe y hacer lo que quisiera. Mientras rugía la batalla interna, me mantuve firme, decidida a ser como mi propio papá".

Coraje para conquistar

Afortunadamente, Dios tenía otros planes para Lester Sumrall. A la edad de diecisiete años, yacía muriendo de tuberculosis sin esperanza de recuperación, al menos según sus médicos. Fue en ese momento que Dios le dio la opción de predicar el evangelio o morir prematuramente. Él eligió servir a Dios. Al dejar su hogar en la ciudad de Panamá, Florida, se convirtió en un predicador de "árbol de maleza" en los bosques de Florida, Tennessee y Arkansas.

Los primeros dieciocho meses fuera de casa como un joven predicador fueron mi introducción a la escuela de evangelismo. No me parecía mucho a un predicador con mis noventa y dos libras de galas de chico de ciudad, pero me las arreglé para convencer a los granjeros en el camino para que abrieran sus escuelas y nos permitieran realizar servicios de avivamiento.

"A veces era descarado, abrupto y negativo. A menudo, la gente simplemente se reía de mí, lo que me irritaba muchísimo. Una noche estaba tan abatido que ni siquiera traté de tomar una ofrenda, y tampoco le pregunté a nadie si quería ser salvo. A la mañana siguiente, el granjero anfitrión dijo: 'Joven, si no trabajas, no comes. Si piensas quedarte aquí más tiempo, puedes alimentar a los cerdos. Luego me puso dos cubos grandes de basura en las manos.

"¡¿Alimentar a los cerdos?! Mientras cargaba esos cubos pesados, la basura maloliente se derramaba sobre mi ropa y mis zapatos. Después de eso pude realmente identificarme con la historia del hijo pródigo. Me acosté en medio del campo de maíz sin importarme si mi ropa se ensuciaba y grité: '¡Oh, Señor, tal vez debería irme a casa y morir!' Pero el Señor me calmó diciendo: 'Si me eres fiel, Lester, en estas cosas pequeñas, te daré cosas mucho más grandes'".

Lester se quedó con la "gente del campo" el tiempo suficiente para verlos venir y responder al mover del Espíritu Santo. Fue también durante este tiempo que Dios le mostró, a través de una visión, el siguiente paso que debía dar. La visión reveló multitudes, hombres y mujeres de varias nacionalidades, yendo al Infierno – y su sangre estaba sobre las manos del joven predicador. Esta visión, al igual que la primera, llevó la vida de Lester en una dirección completamente nueva.

La fe puede cambiar tu mundo

El 18 de diciembre de 1931, la noche de mi segunda visión, en Londres, Inglaterra, Howard Carter estaba orando. Estaba tan conmovido por lo que sintió que Dios le decía que escribió las palabras del mensaje:

He encontrado un compañero para ti; He llamado a un trabajador para que esté a tu lado… Él es llamado y escogido y se unirá a ti. He aquí que viene; viene de lejos. Él viene para ayudarte a llevar tu carga y ser una fortaleza a tu lado, y hallarás placer en su servicio y te deleitarás en su compañía'".

Lester Sumrall fue ese compañero. Lo que siguió fue una relación no muy diferente a la de Pablo y Timoteo y un ministerio que cambió el curso del mundo. Juntos, los dos hombres forjaron un nuevo territorio en el campo de la guerra espiritual mientras expulsaban demonios, ganaban nuevos conversos, establecían iglesias e instruían a hombres y mujeres de Dios desde Australia hasta Inglaterra. Después de crecer en la gracia y el conocimiento de Dios y conocer a pioneros de la fe como Smith Wigglesworth, la Segunda Guerra Mundial separó a Lester de sus amigos en Inglaterra. Afortunadamente, la guerra también sirvió para unirlo a una mujer con la que pasaría la mayor parte de sus años.

El plan de Dios para un hogar feliz

"De camino a casa en tren, me detuve para asistir a reuniones evangélicas en la Columbia Británica y diserté en los pueblos de Terrace, Smithers y Prince George. En cada uno, seguí escuchando acerca de esta encantadora Louise Layman, esa hermosa y joven misionera de Argentina, y la gran bendición que había sido dondequiera que iba.
"Me volví aún más curioso por conocerla. Parecía una misionera bastante intrépida. ¿Qué clase de coraje había llevado a una mujer joven a Canadá durante el invierno? Normalmente, solo los misioneros masculinos celosos traían el evangelio aquí. "Me preguntaba si alguna vez llegaría a conocerla".
De hecho, Lester tendría la oportunidad de conocer a "Miss Louisa" en, en el lugar más apropiado, una ceremonia de boda en Buenos Aires, Argentina. Sus sí se encontraron, se sonrieron, y el resto… es historia.
Lester Sumrall y Louise Layman se casaron el 30 de septiembre de 1944. Tomando la ruta "poco convencional" hacia la luna de miel, los recién casados comenzaron una gira misional de cincuenta mil millas y una vida juntos que se prolongó durante cuarenta y nueve años. A lo largo de su matrimonio, ministraron y vivieron en varios lugares del extranjero y, como Lester Sumrall declaró con tanta frecuencia y orgullo, "nunca se pelearon". Dios, recompensando la fidelidad de Lester, los bendijo a él ya Louise con tres hijos trabajadores (Frank, Stephen y Peter)

y once nietos, todos los cuales han sido testigos de la bondad que puede traer la vida de un hombre.

Cosecha mundial

Lester Sumrall, con la ayuda y el apoyo de su familia y muchos amigos, fundó LeSEA (Lester Sumrall Evangelistic Association) en 1957: un ministerio que posteriormente ha dado a luz a más de cien libros y guías de estudio, trece estaciones de televisión, 2 ministerios satelitales. , tres estaciones de radio FM, cinco estaciones de onda corta que llegan a más del noventa por ciento de la población mundial y una revista trimestral. Quizás la gloria suprema del trabajo de Lester Sumrall es su ministerio continuo para alimentar a los desesperadamente pobres dentro del Cuerpo de Cristo. Establecida en 1987, LeSEA Global Feed the Hungry® ha donado millones de libras en alimentos y suministros valorados en 165 millones de dólares a quienes sufren en todo el mundo. Y de nuevo, como dijo Lester Sumrall tan a menudo,
"Este es solo el comienzo. ¡Hay mayores bendiciones por delante!"

Adiós Planeta Tierra

"Estoy seguro de que este ministerio continuará en la segunda generación, y oro también en la tercera, si Jesús se demora. Experimentaremos el éxito en nuestros esfuerzos por alcanzar a esos millones de almas para Cristo, si continuamos llevando la misma visión y consagración.
"Los hombres que no hacen provisión para sucesores en los negocios o en el ministerio a menudo dejan atrás problemas que alguien más tiene que resolver. O eso, o no dejan ningún negocio o ministerio en absoluto. Siento que Dios dará una transición tranquila para mis sucesores, ya que les he proporcionado una organización que puede expandirse y

crecer. En lugar de un desastre, dejaré atrás un ministerio de evangelización bien organizado y administrado por expertos. Mis hijos tampoco tendrán que luchar para igualar mis logros en el ministerio. Han desarrollado una relación de trabajo juntos que superará con creces todo lo que podría lograr solo.

"Me puedo imaginar a mis hijos enfrentando algún dilema en el ministerio y preguntándose unos a otros, '¿Qué hubiera hecho papá en esta situación?' Desearía poder dejar atrás todas las respuestas, pero no puedo. De hecho, eso no será necesario. Sé que el Espíritu Santo ya está guiando a mis hijos como me ha guiado a mí. Siempre tendrán a Él a quien recurrir cuando no estén seguros del camino.

"Dios dibuja patrones para la vida de hombres y mujeres para instruirlos y dirigirlos. Él crea un diseño especial para cada ser racional que está destinado a vivir en este planeta. Si el individuo sigue sabiamente este modelo divino, construirá un carácter fuerte, exitoso y feliz. Tómese el tiempo para analizar la vida de un buen hombre, y vea que no se logró por accidente o buena fortuna, sino que fue una vida en sumisión a la voluntad de Dios".

–Lester Sumrall

Kenneth Erwin. Hagin

Cuando Kenneth E. Hagin se casó con Lois Oretha Rooker el 25 de noviembre de 1938, nunca supieron el impacto que sus vidas y ministerio tendrían en innumerables personas en todo el mundo. Conocidos por muchos como mamá y papá Hagin, dieron un ejemplo en el matrimonio y el ministerio que vivirá a través de sus "hijos espirituales" para las generaciones venideras.

Kenneth E Hagin

El reverendo Kenneth Erwin Hagin nació el 20 de agosto de 1917 en McKinney, Texas. El Rev. Hagin era un niño enfermizo, sufría de un corazón deformado y una enfermedad de la sangre incurable. No se esperaba que viviera y se quedó en cama a los 15 años. En abril de 1933, durante una experiencia de conversión dramática, informó que murió tres veces en 10 minutos, cada vez que vio los horrores del infierno y luego volvió a la vida.

En agosto de 1934, el reverendo Hagin fue sanado milagrosamente, levantado de su lecho de muerte por el poder de Dios y la revelación de la fe en la Palabra de Dios.

Jesús se apareció al Rev. Hagin ocho veces durante los siguientes años en visiones que cambiaron el curso de su ministerio. En 1967, comenzó una transmisión de radio regular que continúa hoy como Rhema for Today.

En 1968 el Rev. Hagin publicó los primeros números de *La Palabra de Fe* . Esa revista, que ahora se produce nueve veces al año, tiene una circulación de más de 200.000 ejemplares. El alcance editorial que fundó, Faith Library Publications, ha hecho circular en todo el mundo más de 65 millones de copias de libros del reverendo Hagin, Kenneth W. Hagin, Lynette Hagin, Craig W. Hagin y varios otros autores. Faith Library Publications también ha producido millones de enseñanzas en audio y video.

Otros alcances de los Ministerios Kenneth Hagin incluyen *Rhema Praise* , una transmisión de televisión semanal presentada por Revs. Kenneth y Lynette Hagin; Escuela Bíblica por Correspondencia Rhema; Asociación de Antiguos Alumnos de Rhema; Asociación Ministerial Rhema Internacional; el Centro de Oración y Sanación Rhema; y el ministerio de prisiones de Rhema.

En 1974, el Rev. Hagin fundó lo que ahora es Rhema Bible Training College. La escuela tiene campus en todo el mundo y continúa expandiéndose.

Hasta poco antes de su muerte, el reverendo Hagin continuó viajando y enseñando por los Estados Unidos y Canadá dirigiendo las Cruzadas de todas las religiones y otras reuniones especiales. Conocido como el "padre del movimiento de fe moderno", el reverendo Hagin fue un predicador, maestro y profeta dinámico. Sus enseñanzas y libros están llenos de historias vívidas que muestran el poder y la verdad de Dios obrando en su vida y en la vida de los demás. Será recordado no solo como un gran ministro sino como un gran hombre de familia, porque su familia era su corazón. Estaba allí en cada hito listo para hablar, para responder, para orar. Era un hombre cuya carcajada llenaba la habitación al ver a uno de sus nietos o bisnietos.

Mayores hazañas 2 – Testimonios

Para esto Naciste – Sanación, Liberación y Restauración – Descubre Cómo de los Grandes - Testimonios

Por diferentes ministros de Dios a través de los siglos para edificar su fe en que Dios todavía está obrando hoy y para siempre.

Nuevos ojos creados

El Sr. George Evison de Grimsby, Inglaterra, quien fue sanado instantáneamente en Grimsby, Boardman Hall, el 31 de marzo de 1890, pudo decir: "Sé que Jesús me sanó". Escuche su maravilloso testimonio, dado por él mismo y corroborado por el Sr. WM Watson:

Mi vista era deficiente desde que nací. Nunca pude ver más de dos yardas delante de mí; un espesor siempre parecía estar sobre mis ojos. Esto fue un obstáculo para mi aprendizaje en la escuela. Cuando tenía unos siete años, me llevaron a un médico y me trataron de cataratas, pero fue un fracaso. De los catorce a los diecinueve mis ojos estaban en su mejor momento. El dolor era menor que en cualquier otro momento; pero la vista no era más clara, y no pude ver nada mejor. El día que cumplí veintiún años me quedé ciego de repente durante media hora. Cuando recuperé la vista, no pude ver más de una pulgada ante mis ojos. Vi al Dr. Taylor de Nottingham, dos veces en noviembre y una vez en diciembre de 1888. La tercera vez que llamé, dijo que los ojos se le estaban desgastando y que no podía hacer más.

Unos días más tarde estaba completamente ciego. Después de esto, mis ojos comenzaron a juntarse y romperse. El dolor era tan intenso que no podía dormir. No puedo decir que tuve lo que podría llamarse sueño durante dieciocho meses. En enero de 1890, los globos oculares ya no estaban y las cuencas estaban vacías. Podía levantar las tapas y colocar mis dedos en las cuencas. En marzo de 1890, un miembro de Faith Home Mission me preguntó cómo había perdido los ojos. Le dije. Me preguntó si iría al Hogar. Me reí y dije: '¿De qué sirve, si no tengo ojos?' y él respondió: "¿No es tan fácil para el Señor hacer ojos nuevos como para un relojero una rueda nueva?" Este fue un mensaje de Dios. Llegó al fondo de mi corazón y prometí ir el viernes por la noche. Fui a casa y oré. A menudo había orado por mi vista antes, pero nunca con un corazón creyente, ya que no estaba convertido. Cumplí mi promesa, fui al Hogar el 21 de marzo y fui ungido con aceite. No me benefició ir en cuanto a mi vista física, pero mis ojos espirituales se abrieron de par en par, y nací de nuevo del Espíritu. Fui a casa, oré toda la noche y sentí que mi petición fue escuchada.

El 31 de marzo puse mis dedos en las cuencas vacías mientras iba a desayunar. Después del desayuno volví a mi habitación a orar. Cuando estaba de rodillas, alrededor de las diez y media, sentí que mis cuencas se calentaban. Como siempre tenían frío, me puse de pie de un salto y dije: "¡Alabado sea Dios! ¡Mis ojos están creciendo!" Continuaron viniendo todo ese día. La noche siguiente fui a una reunión y pude ver la luz de gas. El miércoles los globos oculares se sintieron mucho más grandes. El jueves fui llevado por Satanás a la duda, y todo ese día los ojos retrocedieron. Este fue el efecto de la incredulidad. Lloré por mis pecados, pero vino el dulce pensamiento: "Él me perdonará". Me arrodillé y le pedí a Dios que me perdonara y que reemplazara lo que había perdido. Cuando estaba en oración unos tres cuartos de hora después, nuevamente sentí que mis ojos estaban creciendo y levanté mis párpados.

Por la noche, en Boardman Hall, a las diez menos cuarto, escuché un. voz dice: "Consumado es". ¡Gracias a Dios! Fue terminado. Mis ojos se abrieron de par en par, me puse de pie y grité: "¡Gracias a Dios! ¡Puedo ver a todos y todo!" Llegué a casa después de una reunión de acción de gracias y abrí mi Biblia. Las primeras palabras que vi allí fueron: "Jehová abre los ojos de los ciegos" (Salmo 146). ¡Gracias a Dios, lo hace! Mis ojos, tanto los globos oculares como la vista, son tan buenos como los de cualquiera. Es un gran placer contarles acerca de la maravillosa obra de Dios.

Extracto de la revista *"Triumphs of Faith" de 1912* editada por Carrie Judd Montgomery. El artículo fue una reimpresión de la revista *"Holiness Advocate"*

John Alexander Dowie - Mujer curada de diecisiete cánceres

La Curación de la Sra. A. Kerr de Diecisiete Cánceres

Esta señora vive en el 92 de George Street, Fitzroy, y su caso es de los más notables. Ella tiene más de 50 años y había sufrido durante muchos años. En octubre de 1883 vino a verme para que la curara y se encontraba en una condición deplorable. Algún tiempo antes se había sometido a una operación severa, realizada por un eminente cirujano, el Dr. James, en el hospital de Melbourne, en la que le extirparon por completo el seno derecho y, según le dijeron, el cáncer fue erradicado. Pero, ¡ay!, era una suposición vana; porque en lugar de un cáncer, ahora crecieron diecisiete: catorce en varias partes del pecho y el cuerpo, uno en el lado derecho del cuello, uno en la parte superior de su cabeza, y uno dentro de su boca creció tanto que un número de se extrajeron dientes del maxilar inferior izquierdo para darle espacio; y, cuando comía, se veía obligada a llevarse a la boca el dedo izquierdo, para apartarlo lo suficiente como para introducir la comida con el derecho. Ella fue fiel y había sido testigo de la curación de varias personas mientras esperaba en nuestras habitaciones abarrotadas, especialmente una cuyo ojo izquierdo estaba totalmente ciego y se recuperó instantáneamente. Después de orar, puse mis manos sobre ella en el nombre de Jesús, e instantáneamente todo dolor desapareció; esa misma noche los cánceres desaparecieron por completo y no se han vuelto a ver desde entonces. En la parte superior de su cabeza aquí hay una ligera depresión y una marca roja que indica dónde estaba el cáncer. Ella es un miembro activo de esta iglesia y es bien conocida por cientos de personas en esta ciudad.

Al igual que los dos casos anteriores a los que me he referido, ella ha testificado desde la plataforma de nuestro tabernáculo, su testimonio ha sido impreso en muchos periódicos y nunca ha sido cuestionado públicamente. Otros miembros de su familia también han sido sanados, al igual que los demás. Y como en el cáncer, del cual tenemos, déjenme decir, muchos otros casos, varios esta semana, así, en todas las demás enfermedades y dolencias, donde hay fe hay sanidad. En muchos casos, dos personas han sido sanadas en respuesta directa a la oración, a cientos de kilómetros de distancia, a quienes nunca he visto. Se necesitarían muchos volúmenes para contar la historia de un año de trabajo; y estoy tan continuamente ocupado en esto, y en el cuidado de una iglesia grande y en crecimiento, que casi desespero de preservar cualquier registro literario adecuado de ella. Pero si el Señor nos concede una imprenta, como la que podemos usar para imprimir un periódico semanal, nuestro propósito es presentar nuestras enseñanzas y experiencias, tan plenamente como podamos, ante la iglesia y el mundo. Puedo decir, como un hecho peculiar, que en una comunidad de algunos cientos no tenemos un solo miembro, o un miembro de alguna familia de tales, apartado por enfermedad en este momento. Casi todos somos abstemios totales de licores embriagantes, y casi todos los miembros varones evitan ese asqueroso veneno del tabaco. Sobre nuestro porche delantero hemos inscrito en letras doradas, "Ten fe en Dios". nuestro asta de bandera ondeamos un banderín con el mismo lema "Cristo es todo ", y debajo tenemos una bandera roja 0n que está inscrito "salvación"; una bandera blanca en la que está "Sanación y Santidad"; y una bandera azul en la que está "Templanza". El banderín siempre ondea, y la bandera subordinada denota el tipo de reunión que se llevará a cabo dentro, excepto en el día del Señor, cuando todos están desplegados. Estoy plenamente convencido de que los cristianos deben ser fieles en todo para ser usados por Dios en este Ministerio de Curación y su consagración, y consecuentemente su santificación, debe ser continua y completa. Disculpe amablemente un cierre apresurado; pero debo hacerlo para salvar el correo. ¿Puedo pedir un interés en las oraciones unidas de la Conferencia, por quienes nosotros aquí estaremos orando también? Con los más sinceros deseos de éxito y el más cálido amor fraterno, soy, Fielmente suyo en Jesús, John Alex Dowie, Free Christian Tabernacle, Fitzroy, Melbourne, Victoria, 16 de abril de 1885

Extracto del informe de la conferencia *"The Canadian Independent"* publicado en septiembre de 1886.

Lilian Yeomans – Mujer curada después de 17 años

Fiel es el que prometió
sanado por el Señor después de diecisiete años de
agoníaSeñorita Harriet Lehr, Ada, Ohio

Estoy escribiendo mi testimonio con la esperanza de que pueda ser una bendición para alguien que lo necesite. En los días de mi gran prueba, los testimonios de sanidad fueron un bálsamo para mi alma cansada y como agua derramada sobre la tierra sedienta. En 1895 sufrí una grave enfermedad. Mis intestinos se paralizaron por completo y tuve un absceso tuberculoso. Después de pasar seis meses en un hospital bajo el cuidado de un distinguido especialista y de haberme sometido a ocho operaciones, aún continuaba en un estado grave. Mi madre, que me había acompañado al hospital para estar cerca de mí, había sido instada mientras estaba allí para que se sometiera a una pequeña operación, que le aseguraron que la sanaría por completo. Ella consintió, pero la operación no fue un éxito y se hizo imperativa una operación mayor seria, que la dejó casi destrozada de mente y cuerpo. Mi hermana también estaba mal de salud.

Cuando estábamos en esta condición vino un amigo de un pueblo vecino a decirnos que, cuando en Chicago recientemente había asistido a reuniones donde el ministro oraba con los enfermos y que muchos eran sanados. Nos parecía algo extraño que Dios sanara enfermedades, aunque muchas veces habíamos tenido respuestas a nuestras oraciones por otras cosas. Doy gracias a Dios por el don invaluable de los padres piadosos. Siempre tuvimos un altar familiar en nuestra casa. Después de que este amigo se fue, todos comenzamos a escudriñar la Palabra de Dios para ver si era bíblico pedirle a Dios que nos sanara de nuestras enfermedades. Nos sorprendió descubrir que la

Biblia abundaba en preciosas promesas de sanidad. La fe brotó en nuestros corazones al leer pasajes como: "Jesucristo, el mismo ayer, hoy y por los siglos". (Hebreos 13:8) y "Si dos de vosotros se pusieren de acuerdo en la tierra acerca de cualquier cosa que pidieren, les será hecho por mi Padre que está en los cielos." (Matco 18:19) y "Por cuya herida fuisteis sanados". (1 Pedro 2:24) y otros de importancia similar. Dentro de dos semanas desde el momento en que escuchamos por primera vez el mensaje de sanidad, todos fuimos sanados de nuestras enfermedades hasta entonces incurables y nos regocijamos en la poderosa provisión de Dios para Su pueblo.

Pasaron tres semanas durante las cuales la Palabra de Dios fue nuestro alimento necesario. Un pequeño grupo de amigos se reunió a nuestro alrededor y se unieron a nosotros regularmente en reuniones de oración y alabanza. Aunque éramos una casa ocupada y por necesidad estábamos obligados   a mezclarnos diariamente con una diversidad de personas, sin embargo, parecíamos habitar en otro mundo aparte de nuestro entorno. Luego vinieron severas pruebas físicas. En medio del estrés del sufrimiento y la respuesta tardía a la oración, sentimos la necesidad de tener comunión con aquellos que confiaban en Dios para el cuerpo y por eso nos asociamos con un grupo de creyentes que defendían la verdad de la Sanidad Divina. Más tarde descubrimos, sin embargo, que los líderes de este movimiento no eran caritativos con otros que no pensaban exactamente como ellos. Ocurrieron circunstancias que nos hicieron sentir que debíamos retirarnos de este grupo de creyentes. Mi propia curación y la de mi madre y mi hermana habían sido tan maravillosas que nada pudo hacer quebrar mi fe en que Dios había incluido el cuerpo en la Expiación. La Palabra escrita de Dios, "Yo soy el Señor que te sana", se había hundido profundamente en mi corazón y no tenía ningún deseo de volver a los médicos terrenales. Diariamente leía diligentemente mi Biblia y oraba pidiendo fuerza y valor, pero mi desaprobación de los métodos de los líderes de este movimiento, a los que me he referido, finalmente maduró en tal desagrado y resentimiento hacia ellos, que naturalmente comencé a recaer. No tenía ningún compañerismo espiritual, ya que el pequeño grupo que se reunía formalmente con nosotros para la oración se había dispersado, y no tenía ninguna literatura útil sobre sanidad aparte de la Biblia.

En ese momento, mientras viajaba en el tren, el viento sopló sobre mi cuello desde una ventana abierta y cogí un fuerte resfriado, que se asentó en mi columna vertebral. Durante unas dos semanas sufrí mucho. Oré, y supuse que el frío pronto me dejaría, ya que hasta ahora las oraciones siempre habían sido respondidas a mi favor. Sin embargo, con el paso del tiempo me di cuenta de que no se trataba de un resfriado ordinario. En lugar de disminuir, el sufrimiento se hizo más intenso. La médula espinal pareció inflamarse y los nervios de mi cuello se anudaron y estaban tensos. Había seis grandes nudos, uno de ellos en la intersección de las mandíbulas. Mi lengua se puso rígida y mis mandíbulas estaban sujetas como en un tornillo de banco, de modo que no   podía juntar los dientes. La base de mi cerebro parecía una llaga profunda y sangrante con toda la carne arrancada. Mi estómago retendría sólo líquido. Rezaba casi constantemente, al igual que los demás miembros de mi familia, y aunque ocasionalmente el dolor disminuía, no había un alivio permanente. Después de un año y medio de terrible sufrimiento, gracias a las oraciones de queridos amigos llenos del Espíritu en otra ciudad, que se reunían diariamente durante dos semanas para interceder por mi recuperación, las mandíbulas se aflojaron y pude hacer que mis dientes coincidieran. Esto me trajo un alivio apreciable, pero todavía era incapaz de masticar, y durante siete largos años esta condición continuó, y subsistí todo ese tiempo solo con líquidos. Todo mi cuerpo estaba rígido y mis sufrimientos eran indescriptibles. Cada nervio en mi cerebro tiraba y tiraba como si alambres de acero estuvieran arrancando la carne de mi cara.

Durante estos primeros siete años de mi enfermedad, incluso con tanto dolor, podía pararme y caminar un poco, pero después de eso, aunque el sufrimiento en mi cabeza y cuello comenzó a disminuir gradualmente, la inflamación se hizo más aguda en otras partes de mi cuerpo y no podía apoyar ningún peso en mis pies. Hubo momentos en los que estaba mejor y me podían ayudar a subir a una silla de ruedas. A veces podía sentarme en una mecedora, pero cualquier intento de enderezar mis extremidades provocaba hemorragias y otros resultados graves. Durante los diez años siguientes estuve en la cama casi todo el tiempo. Una vez, durante todo un año, no pude levantar la cabeza de la almohada y apenas podía darme la vuelta. Mi corazón se debilitó por el dolor continuo y, a veces, tuve episodios de hundimiento durante los cuales casi fallecí. En una de esas ocasiones, mientras mi familia estaba a mi lado, sin orar por mi recuperación sino esperando que me liberara de mis sufrimientos, un amigo en una ciudad lejana que no sabía nada de mi crisis actual, fue llamado a una poderosa intercesión en el Espíritu. , no solo por mí, sino por los demás miembros de mi familia, que estaban dispuestos a dejar de luchar por mi sanidad. Continuó en intercesión hasta asegurar la victoria. Todo este tiempo mi confianza estaba en Dios, y no pensaba en apartarme de la forma declarada de curación de Dios. Bien sabía que mi condición estaba más allá de toda ayuda humana. Mis padres, sin embargo, deseaban que mi caso fuera diagnosticado y enviaron a Chicago por un médico hábil que fuera un hombre de oración. Vino tres veces a verme y me examinó detenidamente, pero no me dio ningún tratamiento ni medicamento. Pronunció mi enfermedad inflamación de la médula espinal y se maravilló de que viviera.

Pasaré por alto los largos años de dolor y sufrimiento. El tiempo no trajo alivio ni curación. Varias veces vinieron a verme ministros y otros obreros cristianos fieles y oraron fiel y fervientemente por mí, y todos estaban seguros de mi sanidad,
pero yo parecía incapaz de aceptar la liberación que sabía que era mía. Después de haber estado enfermo catorce años, mi padre murió. En su lecho de muerte dijo que volvería a caminar, pero los meses y los años seguían pasando y yo estaba otra vez tan enfermo que durante meses apenas podía llevarme las manos a la cabeza y estaba a punto de abandonar la lucha. Durante varios años había sentido el deseo de que la Dra. Lillian Yeomans viniera a verme, así que cuando me enteré de que ella estaba en Chicago en 1925, le pedí a mi hermana que me escribiera para pedirle que viniera. No había podido durante todos estos años sostener una pluma o intentar escribir sin hundirme. La Dra. Yeomans respondió que no podía venir. Transcurrió un año doloroso durante el cual yací casi indefenso la mayor parte del tiempo. Luego escuché que ella estaría nuevamente en Chicago, y otra vez traté de hacer arreglos para que viniera, pero sintió que no podía tomarse el tiempo para venir a Ohio y emprendió el regreso a Los Ángeles. Cuando llegó a St. Louis, el Señor se ocupó de ella y los asuntos que escapaban a su control requerían que regresara a Chicago. Mientras estuvo allí, mi hermana hizo arreglos para que viniera a verme.

Durante los tres días que estuvo en mi casa, no vino nadie a la casa y estuvimos a solas con Dios. Se sentó en silencio junto a mi cama y me leyó la Biblia y me habló del plan de salvación de Dios para el espíritu, el alma y el cuerpo. Ella era "fuerte en la fe, dando gloria a Dios", y no dudaba en su corazón que Dios podía y estaba dispuesto a hacer por mí, y por todos los creyentes, todo lo que Él había prometido a través de Su Hijo. Al día siguiente de su llegada, el 2 de julio de 1926, ella, mi madre y yo repetimos el Salmo Noventa y Uno y cada uno de nosotros ofreció oración, luego ella me dijo que me levantara en el Nombre del Señor. Durante muchos años no había podido enderezar mis extremidades, ya que todo mi cuerpo estaba rígido. Humanamente hablando, me era imposible levantarme y ponerme de pie. Dudé cuando ella habló, pero solo por un momento, ya que sentí que no me atrevía a perder esta oportunidad de demostrarle mi confianza. Confiado en Aquel que es poderoso para salvar y librar, y sostenido por la fe valiente del ayudante de oración que Dios me había enviado, intenté levantarme. La fuerza vino a mis extremidades y pude pararme sobre mis pies. Apoyado por un lado por el Dr. Yeomans y por el otro por mi madre, di unos pasos. Al día siguiente me paré de nuevo en Su Nombre, y por Su poder, y caminé. Después de un tiempo pude equilibrarme y caminar solo, y he estado caminando desde entonces. ¡Gracias a Dios por Su maravilloso plan de salvación! ¡Cada aspecto, cada resultado de la Caída del Edén se encontró en el Calvario! Bendito sea el Nombre del Señor, "Quien perdona todas tus iniquidades; el que sana todas tus dolencias" (Salmo 103:3).

Mientras camino, me doy cuenta de que soy un milagro viviente por la gracia de Dios. Ninguna lengua podrá jamás decir la profundidad de mi sufrimiento durante esos diecisiete años de invalidez. Soy como uno resucitado de entre los muertos. ¡Cómo disfruto caminar bajo el sol sobre la hierba verde! ¡Qué bellas y bellas son las flores y los árboles! Doy gracias a Dios por el privilegio que me ha dado de volver a disfrutar de las cosas comunes de la vida. Verdaderamente Suya, la misericordia es para siempre. Durante esos largos años de postración en cama, aprendí a conocer a Dios ya caminar suavemente ante Él. A menudo, durante ese período hubo respuestas poderosas y milagrosas a la oración por diversas necesidades y yo sabía que mi Padre en el cielo sabía y se preocupaba. Con el apóstol Pablo, puedo decir: "Sin embargo, no me avergüenzo, porque yo sé a quién he creído, y estoy seguro de que es poderoso para guardar mi depósito para aquel día". (II Timoteo 2:12)

Extracto de la revista *"Latter Rain Evangel" de 1930* .

Librados Milagrosamente De La Peste Bubónica

Durante la estación seca de 1922, esa temible enfermedad, la peste bubónica, estaba causando estragos entre los nativos de la tribu Abasotso cerca del Monte Elgon, en la Colonia Kenia, África Oriental Británica. Muchos de ellos morían de esta terrible enfermedad. Nzanza, uno de los muchachos de nuestra estación norte que, apenas unos meses antes, había entregado su corazón al Señor y él mismo a la misión, vivía en una choza cerca de la casa de la misión. Su esposa y un hijo yacían en la choza muertos por la peste. El propio Nzanza, al ser herido, yacía en el suelo desnudo y frío rezando a "Nysayi" (Dios) por ayuda durante algún tiempo después de que el sol había desaparecido en el oeste y todo estaba oscuro y tranquilo en el exterior excepto por el lejano grito de una hiena o chacal, o posiblemente el sonido lastimero de un cuerno fúnebre proveniente de algún triste pero en un. colina distante, hablando de otra víctima que acababa de pasar al gran "migulu" (más allá).

En ese momento una voz pareció llamar desde afuera, diciendo: "Nzanza, Nzanza, levántate". El escuchó. De nuevo la voz habló, repitiendo las mismas palabras. Como no podía caminar, se arrastró sobre manos y rodillas hasta la puerta y apartó la estera para mirar hacia afuera. En lugar de que la oscuridad de esa terrible noche africana lo saludara, alguien pareció poner sus manos sobre su cabeza y al mismo tiempo decir: "Nzanza, tu oración ha sido escuchada y vengo a sanarte". Inmediatamente se puso de pie de un salto, y desaparecieron los bubones y la hinchazón y Nzanza se dio cuenta de que era "Jesucristo" quien lo había tocado y curado.

Cuando se relataba esta experiencia uno no podía dejar de saber que Jesús está cerca de todos los que le invocan; nombre en la fe. Unos días después de esto, su jefe, Wambani, le ofreció convertirlo en uno de sus jefes si dejaba la misión y se iba a su corte, pero Nzanza se negó y le dijo al jefe que ahora era el "jefe" de "Jesucristo". (Jesucristo). Todavía está en la misión y es el jefe de cocina del hermano y la hermana Bailey.

Extracto de "Sanidad Divina" por J. Grant Anderson (Iglesia de Dios, Anderson Indiana).

Stephen Jeffreys - Reunión de sanidad divina en un automóvil

Me regocijo casi más allá de mi poder de expresar cuando pienso en la forma maravillosa en que el Señor me levantó de mi lecho de enfermedad. Fui un inválido indefenso durante tres años y cinco meses, sufriendo de graves problemas en la columna. Los médicos, el hospital, las medicinas y todas las habilidades terrenales fracasaron en sus esfuerzos por curarme. Me dieron por perdido como un caso   perdido.   Aquí probé que la extremidad del hombre era la oportunidad de

Dios. Solo quince días antes de mi visita a la Campaña de Sanidad Divina del Sr. Stephen Jeffreys en Chesterfield, mi médico le dijo a mi esposa que lo sentía mucho por mí, siendo solo un hombre joven, y que se había hecho todo lo posible para mi caso. .

Si el médico me había dado por vencido, yo sabía que mi Jesús no, y fue en esta fe que emprendí el viaje a Chesterfield el domingo 13 de noviembre de 1927. Debido a la larga duración de mi enfermedad, me había deshecho de todos mis ropa, de modo que tuve que pedir prestada la suficiente para hacer el viaje. Al estar tan rígido de la cabeza a los pies, era imposible ponerse nada excepto los pantalones, que tuve que ponérmelos. Mi atuendo completo consistía en calcetines, pantalones y la chaqueta de punto de mi esposa. Hicieron falta tres hombres para subirme al coche. Debido a esta dificultad se creyó conveniente preguntarle al Pastor si podía acompañarme en el auto por conveniencia. Él consintió de buena gana, y fue allí en el carro que el Señor me entregó. ¡Alabado sea el Señor! Ciertamente el Señor me dio más de lo que esperaba; de lo contrario, debería haber ido mejor equipado con prendas de vestir. Toda la gloria a Jesús por su maravilloso amor hacia mí. Ahora estoy en camino regocijándome en un Salvador vivo y verdadero.

Quedo tuyo en Cristo Jesús,

A. WRIGHT

Somercotes, cerca de Alfreton, Derbyshire, marzo de 1928.

NOTA: Este hombre que ni siquiera había levantado su cuerpo durante tres años y cinco meses, salió del automóvil a la reunión, subió los escalones hasta la plataforma, donde se sentó durante la reunión. También habló, de pie en la plataforma, contando al pueblo lo que Dios había hecho por él. La carta anterior fue escrita algunas semanas después de esta curación. El escritor estuvo presente en una multitudinaria reunión en Derby en marzo de este año (1928) en la que habló el Sr. Wright. Se comporta con la facilidad y la fuerza de un soldado bien entrenado. Poco después de su curación, el médico que había atendido al Sr. Wright les dijo a otros pacientes en su consulta que lo que él (el médico) no había podido hacer por el Sr. Wright, el Gran Médico, lo había hecho.

Extracto de *"Stephen Jeffreys"* de Agnes Adams.

Equipo del Ministerio de Randy Clark

Recientemente estaba ministrando en una reunión en Ellicott City, Maryland. El Espíritu de Profecía se movía poderosamente por la habitación y ministraba todo tipo de cosas buenas. Jesús estaba sanando a la gente y cambiando vidas. El ambiente estaba maduro para los milagros. En un momento durante el servicio, el Espíritu Santo me impulsó a llamar a una mujer de entre la multitud. El Espíritu Santo me mostró que ella tenía un trastorno de la sangre. Le pregunté si había algo mal con su sangre. Rápidamente corrió hacia adelante y dijo: "¡Sí, tengo SIDA!". Pensé: "Bueno, eso me parece un trastorno sanguíneo bastante grave".

Estaba a punto de orar por ella y sentí que el don de la fe se elevaba dentro de mí. Delante de todos, declaré que Dios la estaba sanando del SIDA. Me aferré a 2 Corintios 4:13: "Y teniendo el mismo espíritu de fe, conforme a lo que está escrito: Yo creí, por eso hablé, nosotros también creemos, y por eso hablamos".

Declaré: "¡Jesús te está sanando ahora mismo! ¡Sé sanado en el nombre de Jesús!" Mientras pronunciaba estas palabras sobre ella, sintió que algo salía de su espalda. La persona sobre la que escribo es Doris Lwanga, una Persona muy especial llena de fe en Dios.

Una semana después de que oramos, ella fue a ver a su médico para que le hiciera un análisis de sangre regular. Regresó para otra cita unas semanas después. Para asombro de Doris y sus médicos, el SIDA que estaba asolando su cuerpo ya no era detectable. Intentaron encontrar razones convenientes para este avance médico, y algunos lo atribuyeron a la nueva medicación que estaba tomando. Por supuesto, Doris sabía sin sombra de duda que fue su Jesús quien la sanó.

Le dijeron que el virus del SIDA ahora era indetectable y que su recuento de T4 casi se había duplicado. (T4 es la cantidad de glóbulos blancos dentro del cuerpo de un individuo. Una persona sana tiene más de 1000 recuentos de T4. Los glóbulos blancos son lo que el SIDA ataca y destruye. A principios de septiembre, su recuento de glóbulos blancos estaba en algún lugar entre 300- 400. Después de orar, su recuento de T4 se disparó a 714. ¡Simplemente no pudieron explicar este milagro y le dijeron que nunca antes habían visto algo así!

Decidí escribir sobre este testimonio de sanación porque demuestra la bondad del amor de nuestro Padre hacia nosotros. Él está en el trabajo queriendo nuestra atención y enfoque. Él quiere que nos demos cuenta de que sus caminos son más altos que las limitaciones de la ciencia médica moderna. Él quiere que empecemos a pensar como Él piensa, a actuar como Él actúa y a hacer lo que Él está haciendo. Todo esto es simplemente porque somos Sus hijos e hijas. Él nos da acceso como Sus hijos para mirar más allá del velo y ver lo que Él está haciendo. ¡Qué maravilloso Dios servimos! Sus caminos están muy por encima de todo lo demás.

Para aquellos que están leyendo esto en este momento, que el Espíritu del Señor comience a ministrarles Su presencia de sanidad y milagros ahora mismo. Pido que el Espíritu de Gracia y Poder te imparta una unción milagrosa para Tu vida y la de los que te rodean. ¡En el nombre de Jesus!

En su amor, Jamie Galloway
Del Informe Global Awakening de Jamie Galloway del 5 de enero de 2005. Usado con su permiso.

EE Byrum - Mujer resucitada de entre los muertos

TESTIMONIO DE NANCY KING TAYLOR
En enero de 1899, fui a visitar a mi sobrina, la hermana Fannie (Hooley) Martin, en Moundsville, W.Va. Esto estaba cerca del Gospel Trumpet Home, que entonces estaba ubicado en esa ciudad. Mientras estuve allí me enfermé gravemente de fiebre tifoidea y empeoré rápidamente. Se ofrecieron muchas oraciones en mi favor. Una noche, mientras mi sobrina y la hermana Josie Hulbert estaban en la habitación, me di cuenta de que había llegado el final de mi vida y les pedí que cantaran. Poco después, de repente escuché música celestial. Las más dulces notas del canto angelical descendieron de la gloria. Tal canto que nunca había oído. Mi alma estaba embelesada, y las escenas de la tierra comenzaron a desvanecerse. En ese momento aparecieron dos ángeles brillantes y me llevaron suavemente hacia arriba. Pronto aparecieron muchos otros ángeles, y el camino al cielo fue una brillante corriente de gloria dorada, en medio del hermoso canto de miríadas de ángeles. Lo que vi allí ninguna lengua mortal podría expresar. ¡Oh, la hermosa
grandeza y gloria de esa tierra celestial! Tal canto y música ningún oído mortal ha oído jamás.
Después de un tiempo, dos ángeles me llevaron en sus brazos y me trajeron de vuelta a la tierra. Allí yacía mi cuerpo, frío y rígido. Después de que mi espíritu entró de nuevo en el cuerpo, pude abrir los ojos y hablar. Dije: "Oh, ¿debo volver de nuevo a este mundo frío y pecaminoso? No

deseaba vivir aquí después de ver la gloria de esa tierra celestial". Cuando mi espíritu volvió a entrar en mi cuerpo, que el Señor tocó con su gran poder, permitiéndome sentarme, era tarde en la noche y la habitación estaba llena de gente. Yo había estado muerto por algún tiempo. A juzgar por lo avanzado de la hora, creo que deben haber sido varias horas. Entre los que estaban en la sala a quienes reconocí cuando volví a la vida estaban el hermano EE Byrum; Gideon Detweiler y su esposa, ahora de Bellefontaine, Ohio; mi sobrina; y un número de otros con los que estaba familiarizado. También había varios extraños presentes. Se me informó que durante el tiempo que mi forma fría yacía allí, se ofrecieron oraciones constantes para que pudiera ser devuelto a la vida. Mi restauración a la vida fue en respuesta a sus fervientes oraciones. Entonces me ungieron y oraron, y al instante fui sanado; pero estuve débil hasta la mañana siguiente, cuando me levanté, me vestí y bajé. Esto acabó con mi enfermedad.

Después de un corto tiempo llegué a casa en Ohio, una distancia de unas doscientas millas, alabando a Dios todo el camino. Alabo a Dios por lo que ha hecho por mí y por la esperanza que tengo en mi alma de ese hogar en los cielos, que está preparado no sólo para mí sino para todo el pueblo de Dios. Desde esta experiencia he sido testigo de algunas maravillosas manifestaciones de poder curativo, una de las cuales mencionaré aquí. Un hombre llamado Ellis Ziegler fue llevado al hospital de Columbus, Ohio, para una operación. Cuando los cirujanos le hicieron una incisión descubrieron que estaba lleno de cánceres y que no había esperanza de que se recuperara. Sin hacer nada más, cosieron la abertura y lo enviaron a casa. Se enteró de que había resucitado de entre los muertos y mandó llamar a mi marido ya mí. Fuimos y a petición suya lo ungimos. Dios instantáneamente sanó al hombre. El corte que hicieron los cirujanos tenía unas ocho pulgadas de largo. Esto ocurrió hace varios años, y hoy es un hombre fuerte. Los médicos le dijeron después: "Nosotros no fuimos particularmente exigentes en coserlo, ya que solo teníamos la intención de hacer un cadáver respetable". A Dios sea toda la alabanza, y él tendrá la gloria de mi vida.

Nancy (Rey) Taylor RD 1, West Liberty, Ohio

TESTIMONIO DEL AUTOR

Poco después de regresar a casa de mi oficina una tarde de enero de 1899, recibí un mensaje para que fuera de inmediato y orara por la hermana Nancy King, que en ese momento se hospedaba en Walnut Avenue, en Moundsville, Virginia Occidental. Fui de inmediato. Había estado enferma durante algún tiempo, pero ahora se había vuelto mucho peor. Al entrar en la casa me invadió una extraña sensación, que no pude expresar de otro modo que como si me hubieran conducido a la presencia de la muerte. La hermana Fannie Hooley, quien luego se casó con el hermano JB Martin, me recibió en la escalera y me dijo: "Creo que la hermana King se está muriendo".

Después de entrar en la habitación donde yacía, la examiné y respondí: "Sí, esto es la muerte". Vi que le quedaban pocos minutos de vida. Su lengua estaba rígida, pero parecía estar tratando de decirnos algo. Volviéndome a la hermana Hooley, dije: "Ella desea decirnos algo. Pidámosle al Señor que le suelte la lengua para que pueda hacerlo". Mientras orábamos, su lengua se soltó instantáneamente para que pudiera hablar.

"¿Cómo está tu alma, hermana King, estás lista para ir?" Yo pregunté. "Mi alma está bien", respondió ella. "Estoy listo para irme, pero hay una cosa que me molesta; No he dispuesto mi propiedad de la manera que el Señor desea que yo la disponga". Instantáneamente su lengua se volvió rígida como antes, y no pudo decir más. Me enteré de que en algún momento antes de esto, el Señor le había inculcado muy clara y definitivamente cómo arreglar su propiedad para que pudiera ser utilizada apropiadamente después de su muerte, pero ella se había negado a arreglarla de esa manera.

Después de escribirle una nota a mi esposa, también le envié una al hermano WG Schell, que vivía a unas cuadras de distancia, le dije que la hermana King se estaba muriendo y le pedí que viniera. A los pocos minutos respiró hondo y su espíritu partió hacia aquel reino celestial. El mensajero de la muerte había ido y venido. Para entonces ya habían llegado el hermano GJ Detweiler y su esposa, y llegaron otros amigos hasta llenar bien el salón. Mientras meditaba sobre el asunto, no pude entender por qué el Señor contestaría la oración como lo hizo al soltarle la lengua y permitirle decir lo que dijo y luego dejarla morir sin tener la oportunidad de cumplir Su voluntad con respecto al arreglo. de su propiedad.

Cuanto más consideraba el asunto, más me convencía de que el Señor tenía un diseño al permitir que ella muriera así: que deseaba glorificar su nombre al resucitarla de entre los muertos. No estaba simplemente en trance o desvanecida, sino que estaba muerta y tan sin vida como cualquiera puede estar en la tumba. Continuamos en oración por algún tiempo. Hubo otros que sintieron que ella sería levantada en respuesta a la oración. Finalmente, mientras estaba de rodillas en la mitad del cuarto donde ella estaba, le pedí al Señor una señal. Yo no tenía la costumbre de pedirle una señal para estar convencido de que él haría todo lo que le pidiéramos, pero como esto era algo más que lo común le supliqué que hiciera mover alguna parte de su cuerpo en testimonio de que él la levantaría. Aunque mi oración fue una comunión silenciosa con Dios, sin embargo, él escuchó y respondió. Estaba mirando directamente a su forma sin vida, mis ojos descansaban especialmente en su mano izquierda, que esperaba ver moverse. Pronto lo vi deslizarse de su otra mano. Sin embargo, sucedió que el movimiento fue en respuesta a la oración; la mano fue movida por el poder de Dios. Cuando mis ojos vieron esto, me llené de fe en que ella resucitaría de entre los muertos. Comencé a orar en voz alta, y todos en la sala oraban fervientemente al unísono.

Después de continuar en oración por algún tiempo, algunos de nosotros avanzamos y le pusimos las manos encima en el nombre de Jesús, reprendimos el poder de la muerte y le pedimos al Señor que la devolviera a la vida. Mientras aún teníamos nuestras manos sobre su cabeza, Dios envió su gran poder, y ella levantó las manos y se echó el pelo hacia atrás, inmediatamente se incorporó hasta quedar sentada, y entre las cosas que dijo estaba: "¿Debo volver a ¿Otra vez este mundo frío y pecaminoso? Oh, ¿por qué me devolviste la llamada? hubiera estado en la gloria".

Hubo muchas alabanzas a Dios entre nosotros cuando ella nos habló de las maravillosas bellezas que se le había permitido contemplar. En ese tiempo ella era una viuda de unos sesenta años de edad. Unos dos años más tarde se casó con el hermano Isaac Taylor, con quien vivió una vida salva y feliz hasta agosto de 1910, cuando murió, once años después de su anterior experiencia como relatada.
Extracto de *"Experiencias de vida"* por EE Byrum

Maria Woodworth-Etter & FF Bosworth - El camino cojo y la vista de los ciegos

Los cojos andan, los ciegos ven, los sordos oyen Poder sobrenatural de Dios atestiguado diariamente – 2 al 28 de julio de 1913

CHICAGO acaba de tener la visita más poderosa de lo sobrenatural que jamás haya conocido. Dios bajó y caminó en medio de nosotros cumpliendo la palabra a Israel. "Le traeré salud y cura. . . y revélale abundancia de paz y de verdad. "Corrientes de sanidad fluyeron como ríos y muchos se regocijan en la liberación milagrosa del cuerpo y en la gloria de Dios llenando sus almas. El mes de julio ha pasado a la historia con su registro de cientos de personas salvadas y sanadas, mientras que la fe de miles se ha multiplicado.

Como estaba previsto, la Sra. MB Woodworth Etter pasó el mes de julio (del 2 al 28) en la Iglesia de Piedra. Diariamente se representaban escenas pentecostales como en los días apostólicos; los ciegos vieron, los sordos oyeron, los paralíticos caminaron, los reumáticos fueron liberados, los nervios quebrantados fueron restaurados y los demonios expulsados, en todo lo cual se magnificó el nombre del Señor. Desde el comienzo de estas reuniones especiales, la fe era fuerte y los corazones de la gente estaban abiertos para la bendición. La unidad inquebrantable y el compañerismo bendito que habían caracterizado el avivamiento desde el 20 de marzo, con continuas lluvias de bendiciones, se habían preparado para la cosecha, así que no había nada que hacer sino tomar la hoz y segar.

Todo Chicago se enteró de las poderosas obras de Dios entre nosotros. Los diarios informaron sobre algunas de las reuniones, y aunque trataron de caricaturizar los procedimientos y ridiculizar las cosas sagradas de Dios, incluso en esta forma confusa se presentó algo de verdad. "Él hace que la ira del hombre le alabe", y como se admitía que había curaciones, el Señor sin duda usó estos relatos para despertar la esperanza en algunos corazones desesperados. Incluso aquellos que acudieron por mera curiosidad se conmovieron al presenciar el poder de Dios manifestado en la liberación de los afligidos. Bien podría el espectador preguntar: "¿Qué significa esta multitud ansiosa y ansiosa?" y como antaño se podía decir: "Pasa Jesús de Nazaret". Jesús pasó muchas veces; Su virtud sanadora a menudo fluía, y aquí y allá en la audiencia y en el altar, las almas tocaban el borde de Su manto y eran sanadas.

No sólo los santos pentecostales de Chicago, sino también los hijos de Dios en un radio de cientos de millas han recibido un poderoso ímpetu de fe en esta serie de reuniones; de hecho, creemos que no es exagerado decir que la fe del pueblo de Dios aquí ha dado los pasos más rápidos de todos los tiempos modernos. Ha avanzado a pasos agigantados. Los ministros, que venían desanimados y desanimados por el fracaso, se encontraron a sí mismos tomando un nuevo control y orando por los enfermos con notables resultados. Al comienzo de estas reuniones especiales de sanidad divina, la Sra. Etter y varios de los hermanos fuertes en la fe, se unieron mientras oraban con cada individuo con la imposición de manos, pero a medida que aumentaba el número por el que se oraba, se hizo necesario dividir los fuerza para que un número de enfermos pudiera ser atendido al mismo tiempo. Finalmente llegó a haber cinco sillas ocupadas a la vez por aquellos por quienes se estaba orando con la imposición de manos y no fue solo el ministerio de la Sra. Etter el que fue bendecido. Dios honró la fe de todos y las personas que tenían sus ojos en Él recibieron sanidad sin importar quién oró por ellos.

Una mujer enferma que entró confundió a una de las hermanas con la Sra. Etter y le pidió oraciones. La mujer enferma fue sanada inmediatamente. Esperamos que esto sea un estímulo para algunos enfermos a quienes la Sra. Etter no puede ministrar. La sanidad fluía por toda la iglesia a diferentes horas; no sólo en la reunión sino durante el día, aquí y allá se veían grupos de personas orando por los enfermos y gritos de gloria de los que sufrían diciendo que el rayo del cielo había tocado sus cuerpos. Cuando los hermanos ministrantes vieron la forma maravillosa en que la sanidad abrió la puerta al corazón de las personas y las llevó a buscar la salvación, sintieron que habían descuidado una de las armas más poderosas que Jesús había dado a sus discípulos. Como comentó uno, los ministros han dedicado su tiempo a explicar lo que significan ciertos pasajes de la Biblia en lugar de demostrarle al mundo que todo el poder ha sido dado a la iglesia.

Un hombre que había recibido una maravillosa experiencia de salvación dijo: "Nunca vi ni sentí tal poder en una reunión en toda mi vida. Aunque era pecador, sentí el poder de Dios". No fue tanto la predicación lo que lo llevó al arrepentimiento como la manifestación del poder de Dios. El hermano Argue, que ha estado viajando por el país visitando asambleas y reuniones campestres y que estuvo en el primer derramamiento del Espíritu hace seis años, dijo que esta fue sin duda la visitación más poderosa de Dios en estos últimos días.

El avivamiento que ha durado seis meses y estuvo en su apogeo hasta julio, no se debió a ninguna distinción en teología ni a la presentación de ninguna doctrina o credo en particular, sino porque hemos estado volviendo a la simplicidad del Evangelio, con mucha oración. Los resultados han demostrado que la exposición minuciosa de la doctrina y las distinciones teológicas no solo no son esenciales, sino que su ausencia conduce fuertemente a la espiritualidad de la iglesia de Dios y al éxito de su obra. Todos destacaron la ausencia de toda controversia y el hermoso espíritu de armonía que caracterizaba estas reuniones, y al final la hermana Etter dijo: "Nunca he conocido una unidad y una armonía tan perfectas en las reuniones". Las almas hambrientas que venían de lejos se llenaron de alegría por la bendición espiritual que recibieron; muchos recibieron el bautismo del Espíritu Santo y se regocijaron más por esto que por su curación. El poder del Señor estaba tan fuertemente presente que aquellos que habían buscado el bautismo en vano durante años fueron arrastrados a la experiencia. Supimos de uno que había estado en Los Ángeles y viajó por todo el país visitando convenciones y reuniones campestres durante años, quien recibió la codiciada bendición en estas reuniones.

Después de las primeras dos semanas, el auditorio no podía albergar a las personas que asistían, y celebrábamos una reunión superpoblada todas las noches en la sacristía, con capacidad para quinientas personas, con el hermano Kent White a cargo. Los que asistieron a las reuniones de desbordamiento dijeron que había bendiciones iguales abajo: hubo algunos casos marcados de salvación y sanidad y un gran número recibió el bautismo del Espíritu. Había de mil trescientas a mil quinientas personas en el cálculo real en el edificio todas las noches y un gran número rechazado. El domingo tuvimos tres encuentros dobles. Cuando las reuniones del domingo por la tarde terminaron a las cinco en punto, la gente ya estaba llegando a las reuniones vespertinas, ya las 5:30 de la tarde del 27 de julio todos los asientos en el auditorio principal estaban ocupados. "Llegas un poco tarde", dijo un ujier a un recién llegado a las 4:30, "la reunión está a punto de cerrar". "Oh, estoy aquí para la reunión de la tarde", fue la respuesta.

CURACIÓN DEL BOCIO

Una de las primeras curaciones fue la de la Sra. Pickerell, Kenosha, Wisconsin, quien, aunque había creído en la curación del cuerpo durante muchos años, descubrió que su fe se estaba desvaneciendo y al ver que no se estaban obrando verdaderos milagros en la actualidad, se desanimó. El invierno pasado leyó el libro de la Sra. Etter, "Los actos del Espíritu Santo", y una nueva fe brotó dentro de ella, así que estaba lista para ser sanada cuando viniera. Damos su testimonio en sus propias palabras: "Cuando llegué aquí tenía bocio. Era muy grande por dentro y me asfixiaba tanto que apenas podía tragar la comida. También afectó mi corazón tanto que a veces no podía sostener nada en mis manos y tenía que ser ayudado a una silla. El bocio se ha ido por dentro y casi se ha ido por fuera. Había sufrido con este bocio durante veintinueve años. Mientras yacía postrado bajo el poder de Dios, Él también puso un nuevo revestimiento en mis entrañas. Fui hecho nuevo, liberado de todo. Hace diecisiete años comenzó este problema. Tuve una operación y los médicos cortaron dos pulgadas del revestimiento interno de los intestinos y también dos pulgadas de los músculos. No había sido capaz de mantenerme de pie sin apoyo y sufría constantemente. Mis intestinos tenían cortada la red que los unía, y cuando me acostaba tenía que usar una almohada para acostarme, todo el tiempo sufriendo un ardor constante. Anoche cuando me quité el vendaje que llevaba puesto pude caminar por la habitación sin ningún sufrimiento. También había un hueso flojo en mi costado que se salió de lugar por las operaciones que tuve, y Dios lo recuperó. Hace tres meses vi a la hermana Etter en una visión y escuché una voz que decía: 'Cuando te imponga las manos, serás sanado'. Cada vez que me desanimaba y sentía que mi fe decaía, sacaba su libro y lo leía, y mi fe se elevaba".

PROBLEMA ESPINAL SANADO

Otra curación notable durante la primera semana fue la de la Sra. Dolan de Zion City, Illinois. Ella estaba en la cama y fue entregada para morir. Se había lastimado la columna hace un año y no podía caminar ni siquiera ponerse de pie. Ella dijo: "Me sacaron de la cama para llevarme a estas reuniones. Lloré todo el tiempo que me estaban preparando. Me trajeron en una silla de ruedas en el vagón de equipajes junto a un cadáver, pero eso no me importó porque yo venía a sanar. Supe que cuando la hermana Etter oró por mí, sería sanado. Obedecí en todo lo que me dijo, y cuando me impuso las manos y me ordenó que me levantara y caminara, lo hice en el Nombre de Jesús. Tuve problemas en la columna y también sufrí de mi estómago: ambos fueron sanados". Sufría tanto que no podía levantarla de su silla. Los ayudantes tuvieron que llevar su silla a la plataforma, pero después de que Dios tocó su cuerpo de una manera milagrosa, caminó de un lado a otro por los pasillos, alabando al Señor, y la gente se unió a ella para glorificar a Dios. Más tarde testificó sobre la restauración de su voz y dijo que no había podido cantar desde el 13 de abril, pero que ahora podía cantar tan bien como siempre. Se quedó durante toda la serie de reuniones, asistía con regularidad y aguantó la tensión de las largas reuniones sin sufrir. A menudo testificaba del milagro obrado en su cuerpo, y demostraba el hecho de que ya no estaba indefensa, corriendo de punta a punta por los pasillos, glorificando a Dios.

UN PARALÍTICO CURADO

Una de las curaciones más maravillosas fue la de un paralítico. Un hombre fue llevado en todos doblados juntos. No podía mantenerse erguido porque tenía la cabeza inclinada sobre el pecho y las rodillas dobladas. Llevaba ocho años paralizado. Ningún caso parecía más obstinado para el espectador, y aunque no hay casos demasiado difíciles para Dios, sin embargo, humanamente hablando, el corazón de uno desfallecía al ver su condición. Sus huesos parecían osificados, y al principio no hubo respuesta, ninguna fe asomaba a sus ojos; pero mientras los que lo rodeaban entonaban alabanzas a Dios y le hacían abrir la boca —su mandíbula se había trabado como sus coyunturas—, aunque el grito era un gemido inarticulado, se engendró en su corazón una diminuta chispa de fe. La hermana Etter ordenó al espíritu paralítico que se fuera, y mientras oraba, la vida de resurrección de Jesús comenzó a entrar en su cuerpo y comenzó a mover sus miembros. Cuando pudo ponerse de pie, la gente gritó; luego comenzó a caminar de un lado a otro en la plataforma, primero con la ayuda de los hermanos, luego solo, y cuando terminó la reunión comenzó a caminar por el pasillo y bajó las escaleras casi a la carrera, y cuando salió a la calle corrió media cuadra alabando al Señor. Los gritos de la gente no se podían contener. Se apiñaron en la acera y agitaron sus sombreros gritando "¡Viva Jesús!"

La mañana del lunes 14 de julio, cuatro personas recibieron el toque de Dios en sus cuerpos mientras se desarrollaba el servicio de cantos. Los cuatro caminaban con bastones o muletas. Una mujer se había lastimado al bajarse de un tranvía hace tres años; los ligamentos de su extremidad se habían roto, y cuando la Sra. Etter le dijo: "Levántate y camina", ella negó con la cabeza, no podía. Entonces la Sra. Etter dijo: "En el Nombre de Jesús, puedes hacerlo, " y se puso en marcha, caminando sin ninguna ayuda. Un hombre de sesenta años, tullido de reumatismo desde los diez, caminaba sin bastón. Otra mujer, que había estado coja durante un año y no podía caminar sin sus muletas, podía caminar de un lado a otro del pasillo sin ayuda; los médicos no habían podido decir qué le pasaba, pero no podía pisar el suelo con el pie. Otra era una niña con enfermedad de la cadera. Caminaba sin muletas y sin cojear. Los cuatro caminaron arriba y abajo por los pasillos al son de "Hay un poder maravilloso en la sangre". El canto estuvo intercalado con gritos de alabanza y mucho regocijo del público. Fue una vista muy inspiradora. Nos sentimos como la mujer que testificó unas noches antes cuando dijo: "Vine con el propósito de tener una elevación en mi fe, pero cuando vi que el paralítico fue sanado, dije: 'Señor, no necesito orar por fe ahora. Lo tengo.' "

Una curación notable se conectó con una visión contada por una mujer que fue sanada el 7 de julio. Ella dijo: "Quiero alabar a Dios esta mañana por mi sanidad. Sé que fue Dios quien me sanó. Nunca había estado en una iglesia como esta. Fui un científico cristiano durante cinco años y pensé que tenía todo lo que se podía tener, pero hace aproximadamente un año y medio, en una visión me vi en una iglesia diferente a la que asistía. No sabía nada acerca de esta fe, pero vi a la Sra. Etter poner sus manos sobre mi estómago en el que había estado sufriendo una gran angustia. No lo entendí en ese momento; Entré aquí un domingo por la noche y escuché al pastor decir que todas las promesas de la Biblia que podríamos tener. No estaba satisfecho ni decidido a tener todas las promesas de la Biblia para mí solo; así que volví y fui salvo y recibí el bautismo. El miércoles por la mañana, cuando vi a la Sra. Etter caminar en la plataforma, la reconocí como la que había visto en la visión hace un año y medio. Vi caer la lluvia, la lluvia tardía, y sé que la visión era de Dios. Hoy estoy perfectamente curado".

El viernes 25 de julio fue un día de letras rojas para la sanación. El poder estuvo presente en mayor medida que en cualquier otro día y las cinco sillas en la plataforma estaban continuamente llenas de almas enfermas, sufrientes y pecadoras que buscaban sanidad y salvación. De un extremo a otro de la plataforma fluyó el poder sanador y gritos de gloria llenaron la casa. La multitud era tan grande que era casi imposible controlarla, tan ansiosa estaba la gente por ver y escuchar.

Esa noche a las 6:30, una hora antes de que comenzara la reunión, el auditorio de arriba estaba lleno, hasta la galería y la plataforma, ya las 7:30 la sacristía de abajo estaba llena. Esa noche se celebraron dos servicios, como en muchas otras ocasiones. Los ujieres dijeron que muchos habían sido rechazados del edificio, ya que había personas adentro. Los corazones de los ujieres casi fallaron cuando se vieron obligados a negar la entrada a muchos que estaban enfermos y habían viajado largas distancias, pero para quienes no había lugar. No eran simplemente buscadores de curiosidad, sino hambrientos de corazón y afligidos de cuerpo. Muchos habían gastado toda su vida en médicos y "nada mejoró sino que empeoró ". Los informes de las curaciones habían volado en las alas del viento, y la esperanza brotó en los corazones que hacía tiempo que se habían rendido en la desesperación. Se llevó a cabo una reunión en la calle del desbordamiento de las dos reuniones, pero la multitud estaba demasiado decepcionada para estar satisfecha. ¡Oh, las multitudes enfermas y sufrientes! Cuán a menudo en estos días hemos pensado en las escenas bíblicas cuando presionaban y amontonaban a Jesús si acaso pudieran tocarlo y Él lo sanara.

Al mirar los rostros dañados por el sufrimiento y los cuerpos y miembros torcidos y retorcidos y darnos cuenta de que muchos estaban en una condición de alma mucho peor, pensamos en cómo el gran corazón tierno de Aquel que tuvo compasión de las multitudes debe estar anhelando hoy. ¡Sobre los millones de la tierra, los azotados por la enfermedad y los estropeados por el pecado, las grandes masas agobiadas, llenas de dolor y desespcración!

DOS SANIDADES NOTABLES

La rapidez con la que creció la fe y el gran avance que se hizo en este sentido pueden mostrarse en el siguiente incidente. Habíamos anunciado desde el principio que no habría reuniones el sábado; Debido a los tres servicios pesados del domingo, sentimos que los ministros necesitaban descansar, pero el sábado 26 de julio por la noche, hubo una pequeña reunión improvisada, simplemente porque vino la gente. En esta noche en particular, vino una mujer sin saber que no habría una reunión pública. Caminaba con bastón, y al bajarse del auto en la 37 e Indiana Avenue, una mujer alemana al verla lisiada le dijo: "¿Adónde vas?". Ella dijo: "Voy a la Iglesia de Piedra para ser sanada". El alemán dijo: "No habrá ninguna reunión esta noche , pero si vienes, oraremos por ti". Apenas había entrado por la puerta cuando el Señor la encontró, y mientras unos cuantos fervientes se reunían alrededor y oraban, ella fue sanada. Hacía cinco años que padecía reumatismo y un crecimiento en la cadera, y no podía doblar las rodillas. Recibió la liberación completa, se arrodilló y dio gracias al Señor, y corrió de un lado a otro sin bastón ni apoyo alguno. Había estado con los Científicos Cristianos durante un año pero no habían podido ayudarla. Después de su curación, dijo que se iría a casa y tiraría toda su literatura de la Ciencia Cristiana.

Esa misma noche vino una mujer con una muleta que había estado usando durante tres años. Cuando vio lo que Dios

había hecho por otra persona, su fe buscó sanidad y recibió la liberación perfecta del problema del nervio ciático. Corrió arriba y abajo por los pasillos alabando a Dios, perfectamente entregada; luego fue con una multitud a una reunión en la calle dejando su muleta detrás de ella. Testigos presenciales dijeron que fue una de las curaciones más perfectas que jamás habían visto. Lo que trajo más alegría a la pequeña multitud de personas humildes presentes, fue el hecho de que estas dos notables curaciones tuvieron lugar, no en la gran reunión en la que oficiaron la Sra. Etter y una docena de ministros, sino con unos pocos de los fervorosos hijos de Dios. . Solo sirve para probar lo fácil que es recibir bendiciones espirituales y físicas cuando la marea está alta. Hubo una serie de curaciones en la audiencia y alrededor del altar, sin imposición de manos. Una mujer que sufría de neuralgia dijo que sintió la neuralgia, que había tenido durante varios años, saliendo mientras estaba sentada en el asiento,
meditando en el Señor. Muchas veces los obreros del altar, viendo que los enfermos tenían fe para ser sanados, oraban por ellos sin llevarlos a la plataforma, y eran sanados.

Una mujer que sufría de reumatismo y venas abiertas dijo que no había podido doblar las rodillas durante diecisiete años. Dios la sanó y ella se arrodilló ante la audiencia en medio de mucho regocijo. Otra que había estado inválida durante catorce años testificó que el Señor había sanado perfectamente su cuerpo. Ella dijo: "Estaba tan enferma que la vida era una carga y muchas veces deseé morir durante la noche para no despertarme en mi miseria. Ahora me alegro de que Dios me haya salvado la vida. Tuve problemas cardíacos, problemas hepáticos y un riñón flotante. Mis nervios estaban tan agotados que entré en histeria. Estuve muerto para el mundo muchas veces, pero alabo a Dios porque hoy puedo pararme ante este pueblo y decir que Él me sanó". Su esposo, que había sido incrédulo, se salvó al ser testigo de las obras poderosas de Dios. Él dijo: "Solía maldecir a Jesús durante años, pero ya no lo hago más". Hablando de la curación de su esposa, dijo: "Mi esposa dijo: 'Mi riñón está flojo. Voy a ir allí para que lo pongan en su lugar. Estaba en el costado como un gran bulto. La hermana le pidió a Jesucristo que volviera a colocar ese riñón en su lugar, y ella dijo que podía sentirlo retroceder como si alguien lo empujara". Este hombre se enteró por primera vez de la obra a través de un pequeño tratado que le entregó un hermano obrero. Cuando lo leyó le dijo a su esposa. "Ve allí y te curas". Ella lo hizo, y ambos se salvaron.

CURACIÓN DE SORDEROS, SORDOMUDOS, ETC.

Un padre vino de Oklahoma trayendo consigo a dos niños afligidos; uno nunca tuvo el uso de sus miembros y nunca pudo hablar, y la otra, una niña de veintidós años de edad, nació sorda y muda, el espíritu sordo fue expulsado, el poder de Dios descendió sobre ella, y ella gritaba y lloraba alternativamente. Estaba tan contenta de poder escuchar que caminó de un lado a otro de la plataforma durante media hora, llorando y alabando a Dios. Cuando su padre vio que ella podía oír, lloró de alegría. Cuando se llenó del poder de Dios, contó a su manera sencilla, en parte con los signos con los que estaba acostumbrada a hablar, cómo Jesús murió por nosotros, bajó al sepulcro, se levantó, subió al cielo y abrió su boca sorda. orejas. Cuando la conocimos después de eso, en reuniones posteriores y en los pasillos, su rostro sonreía. Dios no solo abrió sus oídos, sino que también trajo una maravillosa salvación a su alma.

Ella rió y lloró cuando escuchó la música y el canto por primera vez. A los pocos días llamó la atención de su padre que con los dos oídos oía el piano que tocaba en el piso de arriba. Podría repetir palabras después de usted con bastante claridad, pero sus oídos tendrán que acostumbrarse a los sonidos y tendrá que ser enseñado a hablar como un bebé aprende a hablar. El pequeño también recibió alguna bendición, y por primera vez en su vida pudo levantar los brazos. Un niño de nueve años que había nacido sordo recibió una curación perfecta un domingo por la mañana. Una señora que se reunió con él la noche siguiente se paró detrás de él y dijo en voz baja: "Dios es amor"; inmediatamente repitió las palabras después de ella. Cuando recibió su audiencia, bailó arriba y abajo de alegría, y las lágrimas corrían por su rostro. Un hombre llevó a su esposa cuatrocientas millas a las reuniones; había sido parcialmente sorda durante trece años. Dijo que ahora podían sentarse en una habitación y mantener una conversación ordinaria, y ella no tenía dificultad para escucharlo, algo que no había podido hacer durante años.

El hermano Bosworth ha sido usado bastante en los oídos sordos. Un día alguien llamó su atención sobre un niño sordo y mudo que esperaba la oración. Inmediatamente se acercó a él, ordenó al espíritu sordo que se fuera, e inmediatamente pudo oír bien. Unos quince minutos después llegó su madre y, sin saber lo que había sucedido, le entregó al niño un papel en el que estaba escrito: "Soy sordo", para que se lo diera a la Sra. Etter. El Sr. Bosworth le dijo que su hijo no era sordo, y cuando el propio niño le dijo que podía oír, ella gritó de alegría. Repitió las palabras pronunciadas detrás de él. Una mujer recibió su audiencia mientras escuchaba el sermón. Sintió que sí quería escuchar el sermón, y mientras estaba sentada en la audiencia, con su corazón elevado a Dios, de repente sus oídos se abrieron y escuchó todo el servicio. Ella salió de la reunión con una cara brillante y dijo: "Escuché el sermón perfectamente". Un niño cuando tenía tres años de edad quedó totalmente sordo por la medicina fuerte. Fue pasado por alto cuando estaban orando por los afligidos, y cuando el Sr. Bosworth lo encontró, le ordenó que escuchara en el nombre de Jesús, e inmediatamente escuchó con ambos oídos, aunque no perfectamente por primera vez que escuchó la música. Una anciana de más de ochenta años estaba muy decepcionada de que no se orara por su sordera. El hermano Bosworth dijo que tenía fe en su audición, pero ella negó con la cabeza. Quería que la señora Etter orara por ella. La llevó a una pequeña habitación lateral, la reprendió por su sordera y ella pudo escuchar una conversación normal con ambos oídos. Saltaba arriba y abajo de alegría. La conoció después y les contó todo a sus amigos. Conoció a un anciano, de ochenta y un años de edad, con una trompetilla que podía oír un poco en su oído derecho, pero el otro había sido completamente sordo durante diecinueve años. El señor Bosworth ordenó que le abrieran los oídos; fue sanado instantáneamente para que pudiera escuchar una voz baja con cualquiera de los oídos. Una madre trajo a su hija de Danville Illinois, quien estuvo completamente sorda de un oído durante tres años.

Hace unos años tuvo fiebre tifoidea y se le asentó en el oído. Cuando fue al médico, él le dijo que el problema estaba en el hueso mastoideo, que había tres complicaciones, cualquiera de las cuales era peligrosa. Ella había estado en el hospital y le sacaron un crecimiento de la oreja, pero no tuvo alivio. El médico dijo que no podía vivir a menos que la operaran y le quitaran la infección, porque si llegaba al cerebro sería una muerte instantánea, e incluso con la operación solo había una posibilidad entre cien de que se recuperara. Dijo que su tímpano estaba destruido. Le tapó el oído bueno para que no escuchara, luego usó una trompetilla en el oído sordo y gritó para que lo escucharan a media cuadra de distancia, pero ella no pudo oír. Ella le dijo al médico que iría a Chicago para curarse, y él le dijo que podía viajar por todo el mundo y no recuperar su audición. Dios abrió su oído al instante, y ella escuchó en el oído donde el tambor había sido destruido. La madre fue sanada de problemas del corazón. Ella dijo que el médico lo llamó angina de pecho; que si alguien tenía un ataque de eso, era mejor que estuviera listo para partir en cualquier momento. La mañana en que fue sanada tuvo tal ataque, pensaron que estaba muerta; se le hizo un nudo en la garganta que apenas podía respirar y casi se ahoga. La madre también dijo que hace tres años se curó de la ceguera cuando tres médicos la habían dado de alta. No podía ver para leer en absoluto, y fue a una pequeña misión en Danville donde oraron por ella, para que ahora pueda leer la letra más pequeña sin anteojos.

CURACIÓN DE LA CEGUERA, CEGUERA PARCIAL

Una mujer de color que había estado ciega durante seis años se acercó a orar. Pronto la escuchamos gritar: "¡Oh, ya veo! ¡Veo! ¡Veo todas sus caras! ¡Oh, alabado sea el Señor!" Inmediatamente la audiencia se puso de pie, levantándose en honor a Aquel que había tocado esos ojos ciegos. A menudo volvía después de eso y daba testimonio de una mejora diaria en sus ojos. Ella dijo, unos días después, "Cuando fui a la silla para orar no pude ver a nadie. Traté de ver a la Sra. Etter pero no pude. Mi ojo derecho estaba completamente ciego y no había podido ver mucho con mi ojo izquierdo. Puedo ver toda la iglesia esta mañana. Decidí no salir de esta iglesia hasta que fuera sanado, y así se lo dije a Dios". Más tarde dijo que podía ver para leer y escribir sus propias cartas. Una mujer que estaba parcialmente ciega de un ojo testificó de sanidad. Hacía diez o doce años que su vista estaba parcialmente destruida, a causa de un bebé que se rascaba el globo ocular. Los médicos la examinaron y dijeron que se quedaría completamente ciega con el tiempo. También fue sanada de un problema de columna que había sufrido durante veinte años.

RUPTURA CURADA

La Sra. Lloyd Reeves de Zion City, Illinois, se curó de una hernia doble que había sufrido durante ocho años. Un hombre dijo: "El Señor me sanó anoche de una ruptura de veintitrés años". Un ministro, quien dijo que estaba en una condición de reincidencia, vino para curarse de una ruptura. Le preguntó a la Sra. Etter si debía quitarse el braguero y ella dijo: "No hasta que el Señor te lo diga". Al día siguiente, mientras estaba sentado en la iglesia, sintió una sensación peculiar en la región de la ruptura y se dio cuenta de que estaba sanando. Inmediatamente se quitó el braguero y luego testificó que estaba perfectamente curado. El 24 de julio vino un hombre católico romano y se sentó en la silla donde los hermanos estaban orando por los enfermos. Dijo que quería salvarse. Por la tarde se recuperó y se curó de una ruptura.

SANACIONES VARIAS

Una de nuestras personas de la Iglesia de Piedra ha estado impartiendo una pequeña clase bíblica en una iglesia metodista en las afueras de la ciudad y aquellos a quienes ella ha estado ministrando han tenido hambre de más de Dios en sus vidas, por lo que han estado viniendo a las reuniones especiales con el resultado de que cinco han recibido el bautismo en el Espíritu Santo y varios han sido sanados. Una mujer le dijo a otra: "Un hombre allá arriba dice que hay un racimo de uvas para cada uno de nosotros. Voy a subir a buscar mi grupo. Ella vino y recibió el bautismo en el Espíritu Santo. Un hombre de esta misma iglesia tenía una llaga supurante en el pie que había estado sufriendo durante dos años. Los médicos habían dicho que habría que amputarle el pie: se había lastimado dos veces en los molinos de hierro y lo estaba matando. Cuando vino por primera vez a orar, dijo: "Siento que primero debo ponerme bien con Dios". Así que bajó las escaleras donde estaban celebrando un servicio de oración y obtuvo una maravillosa salvación. Él dijo: "Si nunca consigo sanar mi pie, una cosa sé, tengo salvación". Vino al día siguiente y su pie fue sanado. La hinchazón bajó de inmediato y unos días después dijo que estaba casi completamente bien. Tuvo sus vacaciones y vino temprano en la mañana y se quedó hasta las diez de la noche, y ha estado buscando el bautismo en el Espíritu Santo. Tuvieron un pequeño avivamiento en su vecindario en la primavera y le dijeron que era salvo, pero él dijo que sabía que no lo era.

Ahora sabe que es un hombre salvo.

Una de las señoras del vecindario fue sanada de un envenenamiento por hiedra y otra de problemas estomacales y renales gracias a la oración del maestro de la clase de Biblia. Una mujer testificó varias veces sobre la curación de un cáncer en el seno. Dijo que le dolía tanto el pecho que no podía tocarlo sin dolor, y se asustó cuando la señora Etter le dio una bofetada en el lugar donde había estado el cáncer, pero descubrió que no le dolía ni una partícula. El señor le había quitado todo el dolor y ella cree que está curada. Otra mujer dio este notable testimonio una semana después de haber sido sanada: "Quiero alabar al Señor por haberme sanado hace una semana el viernes. Tuve un tumor en la cabeza, problemas renales, hidropesía, indigestión y un golpe de parálisis que me desvió la cara. Tenía todo lo imaginable y no podía caminar una cuadra sin que alguien me ayudara. Yo había estado en esta condición desde el veinte de septiembre. Fui sanado de inmediato, y ahora puedo caminar a cualquier parte y tan rápido como cualquiera. Se curaron varios bocios, algunos parcialmente y otros por completo. Una mujer de Indiana dijo que su bocio se redujo dos pulgadas después de la oración. También fue sanada de la enfermedad de Bright y del problema cardíaco causado por el bocio, pero lo que más le regocijó fue el profundo toque espiritual que recibió de Dios. Recibió el bautismo en el Espíritu Santo y se fue a casa con el alma llena de gloria. Una mujer vino con muletas que había usado durante cinco o seis años. Había sufrido durante diez años, había consultado con muchos médicos y había ido a Hot Springs para curarse, pero no obtuvo ayuda. Vino una vez y no pudo entrar; la segunda vez vino a las 4:30 (las reuniones empezaban a las 7:30) y se fue a casa sana. Una señora trajo a una niña judía cuya pierna le faltaba cuatro pulgadas debido a una enfermedad de la cadera. Algunos de los hermanos oraron por ella y su extremidad fue alargada para que sus pies midieran uniformemente. El hermano Bosworth oró por la señora Drake, de Zion City, y fue sanada de una sordera de doce años. El Sr. Keyes de Zion City, Illinois, dijo: "Alabo a Dios hace una semana, el lunes pasado por la mañana, fui sanado del reumatismo que tuve durante ocho años y del catarro, que tuve durante tres años. Cuando la hermana Etter y uno de los hermanos oraron por mí, cayó el poder de Dios y se hizo. Solo tomó unos tres minutos de su tiempo".

El Sr. HW 'Judd, también de Zion City, dijo: "Durante dieciséis años he estado confiando en el Señor como mi Sanador. Hace dos años mi niña tenía dolor de oído y mientras orábamos por ella no parecíamos obtener respuesta; así que tomé un trozo de algodón, lo mojé en un poco de aceite de oliva caliente y se lo puse en el oído para calmarla y perdió la audición en ese oído. Le disgustó al Señor. La traje aquí hoy y la hermana Etter le impuso las manos en el nombre de Jesús, y digo para la gloria de Dios que esa pequeña niña tiene su oído.

Lo probé esta tarde en el tranvía. Le hablé en voz baja y me dijo que podía oírme". El jueves por la tarde fue traída en silla de ruedas una mujer, paralizada de miembros inferiores desde hace dos años y medio. No hubo reunión por la tarde y estaba muy desilusionada por no poder ver a la Sra. Etter, pero los hermanos oraron por ella, y ella se levantó de la silla y caminó. Subió las escaleras a la reunión de la tarde, se sentó durante todo el servicio y caminó a casa. Una mujer joven, que había estado sufriendo de un problema estomacal tan severo que le había afectado los nervios y tenía que caminar por el suelo, vino a buscar sanidad. Había sido tratada por especialistas y había ido a Nueva York para recibir tratamiento médico, pero no recibió ayuda. Solo había podido comer sopas claras, pan y té, pero después de la oración se fue a casa con hambre. Se comió un sándwich tan pronto como llegó a casa, y esa noche se sentó y comió una cena hervida, que dijo que contenía todas las verduras del mercado, y se acostó y durmió profundamente toda la noche. Se despertó por la mañana sintiéndose tan fresca como un bebé. La vida de resurrección de Jesús la había hecho una nueva criatura.

El pueblo no dejó de glorificar a Dios. Cuando se efectuaba una curación notable, toda la audiencia participaba del gozo que llegaba al corazón del afligido, y cuando la hermana Etter hacía la pregunta: "¿No tenemos un Salvador maravilloso?" Sus corazones estarían casi demasiado llenos para responder. Los siguientes testimonios son algunas de las palabras de agradecimiento que salieron de los labios de los que habían sido bendecidos:

Alabo a Dios por lo que han visto mis pobres ojos y ha sentido mi pobre alma; por la sanidad de mi cuerpo y de mis ojos, y por bautizarme en su Espíritu Santo. Recorrí más de doscientas millas por esta bendición".

"Tuve una complicación de enfermedades. Estuve en un hospital siete semanas y me operaron. Los médicos le dijeron a mi padre que nunca me pondría bien, pero vine aquí y Jesús curó la corbata". "Estuve enferma desde noviembre pasado, me envenené y perdí cuarenta libras. Recibí algo de ayuda a través de la oración, pero no me curé por completo. Sentí que iba a venir a Chicago. Tenía un corazón débil, ojos débiles y rodillas débiles. Yo era un manojo de nervios. Alabo a Dios hoy que estoy sanado."

"Tuve problemas estomacales. Sentí que los cielos se abrieron esta mañana y lo alabé por su maravilloso poder sanador. Me ha curado muchas veces en mi propia casa".

"Alabo a Dios por sanarme en casa. Estaba enfermo e hice tal como la hermana Etter nos dijo que hiciéramos, aplaudí y alabé al Señor, y Él me sanó". "Alabo a Dios por curarme de la sordera en un oído, problemas de riñón y corazón que tenía desde que era niño".

"Dios me sanó anoche de un problema estomacal que tenía desde hace treinta años. Nunca antes le había pedido al Señor que lo sanara, pero lo hice anoche y Él lo ha hecho".

"Alabo al Señor esta mañana porque tuve fe como la mujer que dijo: 'Si tan solo tocare el borde de Su manto, seré sana'. Creí que Jesucristo a través de la hermana Etter me sanaría. Durante cinco años he estado esperando quedar ciego. Esta mañana, gracias a Dios, tengo mi sanidad. Yo era como un niño pequeño. Podía leer los letreros a lo largo de la calle esta mañana, cosa que no podía hacer antes. Creí como me dijeron, Dios me sanaría en mi asiento, y lo hizo".

"Alabo al Señor que me envió a Chicago. Tuve problemas renales durante más de tres años y sufría tanto que tenía que gritar de dolor. Fui al altar y el hermano Clarke y el hermano Cunningham oraron por mí, y el Señor me quitó el dolor. Nunca conocí el sentido del olfato en mi vida, pero gloria a Jesús, cada día se agudiza más". La multitud era tan grande, y cuando se dio el llamado al altar había tanta prisa, teníamos que tener algún sistema o habría sido imposible mantener a la gente dentro de los límites.

Siguieron adelante con lágrimas en los ojos para llegar a la plataforma de oración, algunos casi desesperados por temor a que no se orara con ellos. Hicimos reglas, pero la gente a menudo las rompía en su desesperada seriedad. Una mujer de color dio este característico testimonio: "Tengo motivos para alabar a Dios. Él me salvó, alma y cuerpo. Fui entregado a morir debido a un problema del corazón. Apenas podía recuperar el aliento. Gracias a Dios que me guió hasta aquí. Había una multitud en el altar orando, pero me abrí paso y subí a la tribuna sin que me lo pidieran. No sabía que estaba en contra de las reglas, pero Jesús me tenía de la mano. ¡Gloria a Dios, soy un testigo vivo de Su poder para sanar! Después de mi curación, bajé las escaleras donde están los buscadores del bautismo y dije: 'No quiero esa cosa llamada lenguas'. Pero Dios me sostuvo sobre el infierno y lo busqué y me llenó. He sido un metodista de los viejos tiempos".

Una hermana testificó por otra. "Traje a una mujer que había estado enferma durante catorce años con problemas en la columna. El martes pasado la traje aquí y se curó. La he llamado dos veces por teléfono y dice que está bien. Ella está durmiendo durante el día, lo que nunca podría hacer. El viernes traje a otra mujer en silla de ruedas que había estado enferma durante nueve meses. Ella había estado en la cama y en una silla. Fui a verla antes de venir a la reunión esta noche y tan pronto como me vio, dijo: "¡Gloria a Dios, estoy sana!"

Otro dijo: "Me siento guiado a testificar por mi tía en Rogers Park. La trajeron el viernes pasado en un automóvil y el Señor la sanó instantáneamente. Salió y fue al restaurante y consiguió su cena. Ella está perfectamente curada.

Ocurrieron algunos incidentes divertidos, pero se nos hizo sentir una y otra vez que el Evangelio de la sanidad toca los corazones como ninguna otra cosa lo hace; ningún razonamiento o predicación de teorías, de denuncia de los pecados de las personas, convence al mundo de que Dios vive y se mueve hoy en la tierra como lo hace el hecho de que los ciegos ven, los sordos oyen y los paralíticos caminan. Una mujer se acercó a uno de los ujieres y le preguntó: "¿Continuará esta curación todo el tiempo?" Respondió que pensaba que sí. Luego dijo: "Acabo de ser curada de tres rupturas que he tenido durante ocho años y voy a ser uno de sus clientes habituales".

Unos hombres se cruzaron con dos niñas que caminaban por la calle y un hombre le comentó al otro: "Esas niñas van a la iglesia 'Gloria de Dios'. Cuando el Señor entrega un cuerpo que ha estado atormentado por una agonía de diez y veinte años, ¿quién no gritaría Sus alabanzas? Y si no alabamos a Dios con ellos, las mismas piedras clamarían. Los hombres van a un mitin político y vitorean y aplauden, haciendo un ruido que es positivamente ensordecedor, y los entusiastas del béisbol gritan sobre su campeón hasta que se quedan roncos y nadie se molesta por eso; más bien, el mundo fomenta la hilaridad por parte de sus devotos. ¿No tienen los hijos del Señor derecho a gritar y cantar cuando su Rey viene en medio de ellos? ¡Que a nadie le parezca extraño que saludemos con aplausos al Rey de Gloria cuando se digna caminar entre nosotros rompiendo cadenas y liberando a los cautivos, soltando a los que Satanás ha atado por muchos años!

En su mayor parte, hubo una profunda reverencia por parte de los espectadores; incluso los curiosos eran respetuosos, pero de vez en cuando había uno escéptico entre la multitud. Un joven vino a la reunión una noche y durante el servicio de oración, se burló y se burló de la escena que tenía delante. Al regresar a su casa esa noche lo atropelló un automóvil a dos cuadras de la iglesia y resultó gravemente herido, se rompió la pierna. Nos envió un mensaje para que oremos por él. La Sra. Etter cerró su ministerio la noche del domingo 27 de julio, pero las reuniones han continuado con mucha bendición. Durante todo el lunes, la gente se reunió en pequeños grupos para orar y fluían ríos de sanidad. El lunes por la noche, mientras los hermanos oraban, el poder de Dios se hizo presente para sanar. Una anciana de color cuando la sacudió la batería del cielo, saltó y exclamó: "¡Oh, alabado sea el Señor! ¡No me lo esperaba! ¡No me lo esperaba!" y corrió por el pasillo alabando al Señor.

Cuando los enfermos acudían en busca de liberación, si obedecían las instrucciones y alababan al Señor aunque no les apeteciera, por lo general recibían bendición. La Sra. Etter siempre llamaba a los enfermos por los que oraba a levantar la mano y alabar al Señor, y cuando lo hacían, con el corazón y el alma abiertos a Dios, Él los recibía. El hermano Kinne dio algunas instrucciones valiosas a las personas que buscan sanidad, las cuales creemos que serán útiles para otras personas que están sufriendo: "No es solo que deben abrir la boca para alabar al Señor; Él quiere que todo tu ser sea liberado para alabarle. Estas bocas le pertenecen a Él y también estos cuerpos. Él quiere sanarlos y glorificarse en ti. Lo primero es llenar el alma y el cuerpo de la gloria de Dios. Cuanto más alabas al Señor, más entra la vida de resurrección de Jesús. No son tus viejas fuerzas las que regresan; es la vida de resurrección de Jesús fluyendo en tu cuerpo. La vieja fuerza no tiene tiempo de volver. Es la misma vida de resurrección que entró en Lázaro cuando se levantó de la tumba. Cuando estén en sus hogares, en lugar de ceder a las tentaciones de la duda y el desánimo, caminen por sus habitaciones y alaben al Señor y cada paso que den hará crecer su fe y la gloria de Dios aumentará en ustedes".

La hermana Etter enfatizó el hecho de que los enfermos deben ante todo recibir un toque de Dios en sus almas. Ella los inspiró a mirar hacia arriba y creer que un verdadero impacto de los cielos los atravesaría, ya menudo decía que a menos que el Señor los encontrara en espíritu, nada se lograría. Ella se esforzó por lograr que los enfermos se apoderaran de Dios por sí mismos mediante una fe real y un contacto con Él, para que pudieran realmente tocarlo y ser sanados. Si bien hay muchas personas con las que oramos que no son sanadas, sabemos que es la voluntad de Dios sanar porque Jesús en la cruz "tomó nuestras enfermedades y llevó nuestras dolencias". La gente debe estar dispuesta a cumplir con las condiciones de Dios. Sabemos que la incredulidad detiene a Dios. Los quebrantadores del pacto y aquellos que se han retraído y rehusado caminar en la luz, pueden encontrar a Dios reteniendo la sanación hasta que estos males sean corregidos. 'Luego están aquellos que, como Job, encuentran que su curación se retrasa. Están conscientes de que la mano de Dios está sobre ellos y se está realizando en ellos una gran obra de transformación, perfeccionando la paciencia, la resistencia y la victoria que glorifica a Dios en el fuego. Con la demora, su fe puede "fortalecerse", su obediencia puede hacerse plena y pronto se les dará un testimonio triunfante de sanidad.

Dios tiene muchos de esos testigos.

Hubo muchos milagros sorprendentes y maravillosos de curación, pero hubo otros casos en los que la curación se realizó sólo parcialmente, y nos vemos obligados a creer que en ambas clases hay algunos que no retuvieron su curación, pero esto no desmiente que un la obra sobrenatural se forjó en muchos en el momento en que se oró por ellos. Algunos no regresaron para enseñar y, como dice Cristo en Su parábola del sembrador, estos "se secaron porque no tenían raíz en sí mismos". Cuando un alma viene a Dios para la salvación y luego regresa a sus asociados mundanos, está en gran peligro de perder su preciosa herencia en Cristo. "Las preocupaciones del mundo ahogan la palabra, y se vuelve infructuosa". Es lo mismo con la sanidad dada, aunque el tiempo ha sido una poderosa afluencia de la vida de resurrección de Jesús, si la persona está descansando en sus sentimientos por la validez de su sanidad, se hunde en el primer aliento de la prueba. Aquellos que no están profundamente arraigados en la Palabra y están rodeados de asociados mundanos e incrédulos, están en grave peligro de recaer en cualquier experiencia que puedan tener en Dios, ya sea la salvación, la sanidad o el bautismo.

Corresponde especialmente a aquellos que acaban de ser sanados rodearse de influencias espirituales y mezclarse con aquellos que son fuertes en la fe. Podríamos llenar el papel con testimonios de sanidades que han resistido la prueba de los años, pero nuestro propósito actual es mostrar lo que Dios está haciendo entre nosotros hoy, para el ánimo de aquellos que tienen necesidad de sanidad y ayuda. Sin embargo, no podemos dejar de dar un breve testimonio de nuestro amado hermano Graves, cuya curación milagrosa ha resistido la prueba de veinte años:

"Cuando pienso en esos largos veinte años de epilepsia que pasé, escuchando la enseñanza de que el día de los milagros había pasado, no parece posible que esté hoy ante ustedes, porque nunca esperé estar bien de nuevo. Tuve más de trescientos ataques; He caído bajo las patas de los caballos y a través de los andamios, y sin embargo, ayer viví hasta los cincuenta y siete años. Con todos los cuartos y galones de medicina que tomaba, llegó un momento en que los guardé todos; cuando Jesús le dijo al espíritu de la epilepsia: 'Sal de él y no entres más en él'. Esta bendita enseñanza que tenemos hoy es la enseñanza que me trajo liberación. '¡Jesucristo, el mismo ayer, hoy y siempre!' Doy gracias a

Dios por el claro hermano que sostuvo eso ante mí día tras día, y día tras día hasta que se hizo realidad en mi vida. Mi curación se ha mantenido estos veinte años. ¿Qué vamos a hacer con la enseñanza de que el día de los milagros ha pasado ante tales testimonios?" Toda alabanza es debida a nuestro Dios obrador de maravillas por la grandeza de Su poder, ¡Su brazo extendido nos ha dado esta gloriosa visita!

Su luz maravillosa ha disipado las tinieblas en muchas almas y con el soplo poderoso de Su Espíritu Santo ha destruido la enfermedad y ha hecho retroceder los poderes de la muerte. "Al que
nos amó, y nos lavó de nuestros pecados con Su sangre; y nos ha hecho reyes y sacerdotes para Dios, su Padre; a El sea la gloria y el dominio por los siglos de los siglos. Amén."
Extracto de la revista *"Latter Rain Evangel" de 1913* . Artículo de Anna C. Reiff.

Exploits de John G. Lake

Encontré a Dios cuando era niño, así que durante 50 años, he estado caminando en la luz de Dios, entendiendo la comunión con Él y escuchando Su Voz.

Quiero llamar su atención sobre algunas de las cosas que el cristiano disfruta y que otros no ven.
Un querido hombre recibió una herida que le causó la muerte en un accidente automovilístico no lejos de Beaverton. El día después de que este hombre muriera, estaba visitando a unos amigos en Beaverton y me hablaron de su jurado. Después de nuestra visita, mi esposa y yo conducíamos hacia la ciudad. Mientras subíamos por una de las carreteras, una Voz dijo: "Tome a la izquierda de la carretera y deténgase".

¿No conoces esa Voz, corazón cristiano? Esa Voz es tan común que ni siquiera le hablé de ella a mi esposa.

El lado izquierdo es el lado equivocado de la carretera, y está infringiendo las leyes de tránsito para estar allí. Pero he escuchado esa Voz durante tantos años que he aprendido en la mayoría de los casos a obedecerla. Jesús dijo: "Mis ovejas conocen mi
voz" (Juan 10:27).

(El pensamiento que estoy tratando de traerles, queridos amigos, es el valor de conocer al Señor y lo que significa la comunión con Dios. La salvación no es solo algo que Dios les da que los va a bendecir después de que mueran; es tener la presencia del Señor ahora. Dios ha prometido al cristiano la guía y dirección del Espíritu Santo.)
Me detuve en el lado izquierdo de la carretera, pasé las ruedas de mi auto cerca de la zanja y me detuve. Inmediatamente, escuché el chirrido de un gran camión que venía por la curva. No lo había visto antes. En lugar de venir normalmente, venía por el lado izquierdo de la carretera del conductor en un ángulo de 45 grados. ¡El camión se había descontrolado y estaba cubriendo todo el camino!
Si hubiera estado en mi lado de la carretera, me habría golpeado de lado y me habría empujado por la orilla.

¡Un descenso de 100 pies! Pero yo estaba del otro lado cuando la gran cosa pasó a mi lado. El camión pasó de 50 a 100 pies más allá de mí, golpeó un punto áspero en el camino y se enderezó. El conductor controló el camión y siguió adelante. Queridos amigos, los hombres en la Palabra de Dios fueron guiados por la Voz de Dios. Dios les habló. Esta es la cosa interna de la verdadera experiencia cristiana, la razón por la cual los hombres buscan por la gracia de Dios entrar en el corazón real de Dios, en el alma real de

Jesucristo, en el lugar donde Él vive dentro de ti, donde Su Voz habla en tu corazón.

Estaba sentado un día en la casa de los DeValera en Krugersdorp, Sudáfrica, cuando llegó un hombre que había viajado por todo el país. Me había estado siguiendo de un lugar a otro, tratando de alcanzarme. Sufrió una insolación que le había afectado la mente y también había desarrollado un gran cáncer.

Entró en la casa y resultó ser un amigo de la familia. En poco tiempo, una niña de seis años que había estado sentada cerca de mí cruzó la habitación, se subió a las rodillas del hombre, puso sus manos sobre el cáncer en su rostro y oró. Vi marchitarse el cáncer. En media hora, la cosa había desaparecido. La herida seguía allí, pero en pocos días se curó. Después de que la niña hubo puesto sus manos sobre su cabeza, se levantó y dijo: "¡Oh! El fuego que ha estado en mi cerebro se ha apagado", y su mente volvió a la normalidad. El poder pertenece a Dios. Salmos 62: 11. El alma más sencilla puede tocar a Dios y vivir en la misma presencia de Dios y en Su poder.

Es casi una tristeza para mi alma que los hombres se asombren y sorprendan ante una evidencia ordinaria y tangible del poder de Dios.

Una mujer vino a las Salas de Curación una vez con un tumor más grande que un niño por nacer. Sus médicos habían sido engañados, creyendo que era un niño hasta que pasó el período de la naturaleza. Entonces decidieron que debía ser otra cosa. Ella vino a las Salas de Curación y la entrevisté. Ella dijo: "Sr. Lake, tengo la opinión de varios médicos. Todos son diferentes, pero cada uno ha dicho: 'Es posible que sea un niño'. Pero ahora el tiempo ha pasado y no saben qué decir". Puse mi mano sobre ella por un momento y dije: "Señora, no es un niño, es un tumor". Ella se sentó y lloró. Su enfermera estaba con ella. Su alma se turbó y no recibió sanidad. Regresó otra tarde para orar y

regresó al día siguiente con sus corsés. Ella dijo: "Bajé para mostrarles que soy perfectamente normal. Cuando me retiré anoche a las 10 en punto, no había evidencia de que algo hubiera sucedido, más allá de eso, me sentí cómoda y la asfixia desapareció. Pero cuando Me desperté esta mañana, tenía mi tamaño normal". Pregunté: "¿Desapareció en forma de líquido?"

Ella dijo: "No había ninguna señal externa de ningún carácter". Amado, ¿qué le pasó? Se desmaterializó. El tumor se disolvió. ¿Qué es un milagro? Es la evidencia tangible del control supremo del Espíritu de Dios sobre todo carácter y forma de materialidad. Amado, el poder de tal evento, tal acto y señal, nos muestra a ti ya mí que a través del contacto vivo, positivo y real con el Espíritu de Dios, todas las cosas son posibles. ¡Bendito sea Su Nombre!...

Estuve en una reunión en Los Ángeles en una ocasión. Un anciano negro estaba dirigiendo los servicios'. Tenía el vocabulario más divertido. Pero quiero decirles que había médicos, abogados y profesores escuchando cosas maravillosas que salían de sus labios.

No fue lo que dijo con palabras; fue lo que dijo desde su espíritu a mi corazón lo que me mostró que tenía más de Dios en su vida que cualquier otro hombre que hubiera conocido hasta ese momento. Era Dios en él quien atraía a la gente. Un hombre insistió en levantarse y hablar de vez en cuando. Algunas personas tienen manía por hablar.

El viejo hermano negro lo soportó durante mucho tiempo. Finalmente, el tipo se levantó de nuevo, y el anciano sacó el dedo y dijo: "¡En el Nombre de Jesucristo, siéntate!" El hombre no se sentó. Él se cayó. Y sus amigos lo sacaron. Ese es solo uno de los hechos vivos de lo que es el cristianismo: el poder divino de Jesucristo por el Espíritu Santo, llenando el alma y el cuerpo de un hombre, resplandeciendo a través de su naturaleza como llama sagrada, cumpliendo la voluntad de Dios.

Hay un bautismo que pertenece a Jesús. Está en Su control supremo. Ningún ángel u hombre puede otorgarlo. Viene de Él solo. Él es el que bautiza con el Espíritu Santo. Juan 1: 33. Así que el individuo que quiere el Espíritu Santo debe entrar en contacto definido y consciente con Jesucristo mismo. ¡Dios bendiga! Casi un año antes de ir a África, mientras oraba una noche, fui cubierto por la sombra del Espíritu del Señor. El Señor mostró

varios lugares en los que trabajaría durante cinco años y, por la iluminación que aparecería en los cielos, supe la extensión del trabajo en cada lugar. El último de estos lugares que vi fue Sudáfrica. Esa noche, mientras estaba arrodillado en el suelo, de repente estuve presente en una iglesia en Johannesburgo, Sudáfrica, donde un conocido mío era pastor. Entré por la puerta de la iglesia, recorrí toda la longitud de la iglesia hasta el frente y entré en una pequeña sacristía. Miré alrededor del lugar y tomé nota de todo. Los muebles, la habitación y todo. Todo esto ocurrió mientras oraba en mi ciudad natal cerca de Chicago. En menos de un año, estaba en esa iglesia y era pastor de ella. Dios hizo todo. No tuve nada que ver con eso.

Habiendo Dios mostrado con la iluminación la maravillosa extensión y el carácter de la obra que iba a hacer por toda la tierra, tuve fe para creer que lo que Dios me mostró se cumpliría, y he vivido para llevarlo a cabo. Una noche en mi propio tabernáculo, una jovencita de unos 16 a 18 años de edad llamada Hilda de repente fue dominada por el Espíritu de Dios.

Se levantó y se paró en la plataforma a mi lado. Reconocí de inmediato que el Señor le había dado un mensaje a la niña, así que simplemente dejé de predicar y esperé mientras el Espíritu de Dios descendía sobre ella. Empezó a cantar en un idioma que no conocía, y luego hizo gestos como los que haría un sacerdote mahometano al cantar oraciones. En la parte trasera de la casa observé a un joven indio oriental, a quien conocía. Quedó embelesado y comenzó a caminar gradualmente por el pasillo. Nadie lo molestó y siguió por el pasillo hasta llegar al frente. Luego se quedó mirando el rostro de la chica con intenso asombro. Cuando su mensaje hubo cesado, le dije: "¿Qué es?" Él respondió: "¡Oh, ella habla mi idioma!" Dije: "¿Qué dice ella?" Subió a la plataforma a mi lado y me dio la esencia de su mensaje. "Ella me dice que la salvación viene de Dios. Para salvar a los hombres, Jesucristo, que era Dios, se hizo hombre. Ella dice que un hombre no puede salvar a otro; que Mahoma era un hombre como los demás hombres, no un poder para salvar a un hombre". de sus pecados. Pero Jesús era Dios, y tenía poder para impartirme Su Espíritu y hacerme como Dios. Mientras yo predicaba en una iglesia en Sudáfrica, una dama estadounidense cuyo hijo residía en el estado de Iowa, estaba presente en un servicio nocturno de semana.

Antes de que comenzara el servicio, me llamó a la sacristía y me dijo que acababa de recibir una carta de su nuera. Afirmó que el hijo de la mujer, It

profesor universitario, parecía ser tuberculoso. Se vio obligado a renunciar a su puesto de profesor y se encontraba en una condición de gran debilidad. Mientras conversaba con la madre, observé que ella también creía que su hijo era tuberculoso y que, a menos que se curara rápidamente, moriría. Regresé a la Sala de Audiencias; y cuando estábamos a punto de orar, me acerqué al final de la plataforma y le pedí a la madre que me pasara la carta. Tomándolo en mis manos, me arrodillé para orar, invitando a todos los presentes a unirse a mí en la fe en Dios para la liberación del hombre. Mi espíritu parecía ascender en Dios y perdí toda conciencia de mi entorno. De repente, me encontré parado en la casa de ese joven en Iowa, a casi 10,000 millas de Johannesburgo.

El hombre estaba sentado junto a un calentador de carbón duro con un niño pequeño de unos dos años en su regazo. Lo observé críticamente y me dije: Tu rostro es duro y no muestra evidencia de desarrollo del alma o vida espiritual, sin embargo, tu afecto por tu hijo es una cualidad redentora. Su esposa se sentó en el lado opuesto de la mesa, leyendo una revista. Observándola, me dije a mí mismo: ¡Cuando te atrapó a ti, se apoderó de un tártaro! Mientras estaba de pie detrás de la silla del hombre, puse mis manos sobre su cabeza, orando en silencio para que Dios le impartiera Su virtud sanadora y sanara al hombre para que pudiera bendecir al mundo y que el corazón de su madre pudiera ser consolado. No se sabía de mi regreso. En un momento me di cuenta de que estaba arrodillado en la plataforma de la Iglesia. Había estado pronunciando oraciones audibles y el Espíritu de Dios descansaba profundamente sobre la gente.

Unas seis semanas después, se recibió la noticia de que el joven estaba bastante bien. Su recuperación había comenzado en la fecha exacta en que se ofreció oración por él en nuestra iglesia a 10,000 millas de distancia.

Estuve ausente de la ciudad de Spokane por un tiempo y, cuando regresé, la Sra. Lake no estaba en casa. Era justo el momento de partir para mi servicio de la tarde cuando alguien entró y dijo: "Su secretaria, la Sra. Graham, está agonizando. Su esposa está con ella".

Inmediatamente me apresuré al lugar. Una de las esposas de mis ministros me recibió en la puerta y me dijo: "Llegas demasiado tarde; ella se ha ido".

Cuando entré, el ministro estaba saliendo de la habitación. Él dijo: "Ella no ha respirado durante mucho tiempo". Pero mirando a esa mujer, pensé en cómo Dios Todopoderoso la había resucitado de la muerte tres años antes; cómo le había devuelto milagrosamente la matriz, los ovarios y las trompas que le habían sido extraídas en operaciones; cómo se había casado y concebido un hijo.

¡Cuando estos pensamientos surgieron, mi corazón se encendió!
Tomé a esa mujer de la almohada y llamé a Dios para que los relámpagos del cielo destruyeran el poder de la muerte y la liberaran. Le ordené que regresara y se quedara. ¡Regresó después de no haber respirado durante 23 minutos!

Todavía no hemos aprendido a mantenernos en contacto vivo con los poderes de Dios. De vez en cuando nuestras almas se elevan y vemos la llama de Dios realizar esta y aquella maravilla. Pero, amados, Jesucristo vivió en la presencia de Dios cada hora del día y de la noche. Nunca una palabra salió de la boca de Jesucristo, sino la que era la Palabra de Dios. El dijo: Las palabras que yo os he hablado, son espíritu, y son vida Juan 6:63.

Cuando tú y yo estemos perdidos en el Hijo de Dios y el fuego de Jesús arda en nuestro corazón, como ardió en el suyo, nuestras palabras serán palabras de Espíritu y de vida. No habrá muerte en ellos. Amados, estamos en camino.

Al tener un reconocimiento formal como estudiante de ciencias, tuve el privilegio de asistir a las clínicas, lo que hacía con frecuencia.
En un momento me sometí a una serie de experimentos. No era suficiente saber que Dios sanaba; Tenía que saber cómo sanaba Dios.
Visité una de las grandes instituciones experimentales y me sometí a una serie de experimentos.

Primero, me colocaron un instrumento en la cabeza. Este instrumento tenía un indicador que registraría las vibraciones del cerebro.

Empecé a repetir cosas como el Salmo 23 para calmar la mente y reducir sus vibraciones al punto más bajo. Luego repetí el Salmo 31, el capítulo 35 de Isaías, el Salmo 91 y el discurso de Pablo ante Agripa.

Después de esto, entré en la literatura secular y recité "La carga de la brigada ligera" de Tennyson y finalmente "El cuervo" de Poe mientras oraba en mi corazón para que en el momento psicológico, Dios ungira mi alma con el Espíritu Santo.

Mi dificultad fue que mientras recitaba, no podía evitar que el Espíritu viniera sobre mí. Cuando terminé con "El cuervo", los encargados del experimento dijeron: "Eres un fenómeno. Tienes un rango mental más amplio que cualquier ser humano que hayamos visto".

En realidad, esto no fue así. Fue porque el Espíritu de Dios seguía viniendo sobre mí a tal grado que podía sentir el movimiento del Espíritu dentro de mí.

Oré en mi corazón: "Señor Dios, si tan sólo consiguieras que el Espíritu de Dios viniera como los relámpagos de Dios sobre mi alma durante dos segundos, sé que algo va a suceder que estos hombres nunca antes habían visto.

Mientras recitaba las últimas líneas del poema, de repente el Espíritu de Dios me golpeó en un estallido de alabanza y lenguas. El indicador de ese instrumento llegó al límite y no tengo la menor idea de cuánto más habría llegado si hubiera sido posible.

Los profesores dijeron: "¡Nunca hemos visto algo así!"

Respondí: "Señores, es el Espíritu Santo".

En el segundo experimento, se conectó a mi cabeza una poderosa máquina de rayos X con accesorios microscópicos.

El propósito era ver, si era posible, cuál era la acción de las células cerebrales.

Procedí igual que en el experimento anterior. Primero, repetí pasajes de las Escrituras que estaban calmando a aquellos calculados para reducir la acción de las bobinas de la corteza cerebral a su registro más bajo posible. Luego fui a las Escrituras que transmitían cosas mejores y más ricas hasta que llegué al primer capítulo de Juan. Cuando comencé a recitar esto, los fuegos de Dios comenzaron a arder en mi corazón.

De repente, el Espíritu de Dios vino sobre mí como antes, y el hombre que estaba detrás de mí me tocó. Fue una señal para mí de mantener ese equilibrio de alma hasta que uno tras otro pudieran mirar a través del instrumento.

Finalmente, cuando lo solté, el Espíritu se calmó. Los profesores dijeron: "Hombre, no podemos entender esto, pero las células de la corteza se expandieron asombrosamente".

Les dije: "Señores, quiero que vean una cosa más. Vayan a su hospital y traigan a un hombre que tiene una inflamación en el hueso. Tomen su instrumento y fíjenlo a su pierna. Dejen suficiente espacio para entrar". mi mano en su pierna. Puedes unirlo a ambos lados".

Cuando el instrumento estuvo listo, puse mi mano sobre la espinilla del hombre y oré como ora la Madre Etter: ninguna oración extraña, sino el clamor de mi corazón a Dios.

Dije: "Dios, mata la enfermedad diabólica con Tu poder. Deja que el Espíritu se mueva en él, deja que viva en él".

Entonces pregunté: "Señores, ¿qué está pasando? Ellos respondieron: "Todas las células están respondiendo".

Es tan simple: La vida de Dios vuelve a la parte que está afligida; inmediatamente brota la sangre; las celdas cerradas y congestionadas responden; ¡y el trabajo está hecho!

Esa es la ciencia divina de Dios.

¡Oh, amado, cuando oras, algo está sucediendo en ti! No es un mito; es la acción de dios.

El Dios Todopoderoso, por el Espíritu, entra en tu alma, toma posesión de tu cerebro y se manifiesta en las células de la corteza cerebral. Cuando deseas y deseas, ya sea consciente o inconscientemente, el fuego de Dios, el poder de Dios, esa vida de Dios, esa naturaleza de Dios, se transmite desde las células de la corteza de tu cerebro y palpita a través de tus nervios a través de tu persona, en cada célula de tu ser, en cada célula de tu cerebro, tu sangre, tu carne y tus huesos, en cada centímetro cuadrado de tu piel, ¡hasta que estés vivo con Dios!

Eso es sanidad divina.

Un día me senté a hablar con el padre Seymour en Los Ángeles. Le hablé del siguiente incidente en la vida de Elias Letwaba, uno de nuestros predicadores nativos en Sudáfrica.

Fui a su casa un día en el campo, y su esposa dijo: "Él no está en casa. Un pequeño bebé está herido y está orando por eso".

Así que me acerqué a la choza nativa, me arrodillé y me metí adentro. Vi a Letwaba arrodillada en un rincón junto al niño. Dije: "Letwaba, soy yo. ¿Qué le pasa al niño?"

Me dijo que la madre lo había estado cargando en su espalda en una manta como los nativos cargan a sus hijos, y se cayó. Él dijo: "Creo que le dolió el cuello".

Examiné al bebé y vi que tenía el cuello roto. Giraría de lado a lado como el cuello de una muñeca. "¡Vaya, Letwaba, el cuello del bebé está roto!"

No tenía fe para un cuello roto, pero el pobre Letwaba no sabía la diferencia. Vi que no entendía. Percibió el espíritu de duda en mi alma, y me dije a mí mismo, no voy a interferir con su fe. Solo sentirá la duda generada por todas las viejas cosas tradicionales que he aprendido, así que saldré.

Fui a otra choza y seguí orando. Me acosté a la 1 am A las 3 en punto entró Letwaba.

Le dije: "Bueno, Letwaba, ¿qué hay del bebé?"

Me miró, con tanto amor y dulzura, y dijo: "Vaya, hermano, el bebé está bien. Jesús sane al bebé".

Le dije: "¡El bebé está bien! Letwaba, llévame con el bebé de inmediato".

Así que fuimos al bebé. Tomé la cosita negra en mi brazo y salí de la choza orando: "Señor, quita de mi alma toda cosa maldita que me impide creer en el Señor Jesucristo".

Mientras le relataba el incidente al Sr. Seymour, gritó: "¡Alabado sea Dios, hermano! ¡Eso no es curación, es vida!"

En mi asamblea en Spokane, había una querida mujercita que había estado ciega durante nueve años. Había recibido muy poca enseñanza en la línea de la fe en Dios.

Mientras estaba sentada en su casa un día con sus seis hijos, descubrió que el bruto sucio de su esposo la había abandonado a ella y a los niños, dejándolos morir de hambre. (Un ser humano degradado es capaz de cosas que ninguna bestia haría, porque una bestia cuidará de sí misma).

Puedes imaginar el efecto que esto tuvo en su pequeño corazón. Estaba aplastada, rota, magullada y sangrando.

Estaban todos sentados juntos en el porche delantero de su casa. Reunió a sus hijos a su alrededor y comenzó a orar.

De repente, uno de ellos se levantó y dijo: "¡Ay, mamá! ¡Viene un hombre por el camino y se parece a Jesús! ¡Y, ay, mamá, hay sangre en sus manos y sangre en sus pies!"

Los niños se asustaron y corrieron por la casa.

Después de un rato, el niño más grande miró a la vuelta de la esquina y dijo: "¡Vaya, mamá, te está poniendo las manos en los ojos!" Y justo entonces, sus ojos se abrieron.

eso es poder divino...

Hace algunos años había un granjero en Indiana, que solía ser amigo mío. Su hijo, mientras estaba en

América del Sur había contraído un terrible caso de fiebre tifoidea. Debido a que no contó con la atención adecuada, desarrolló una gran llaga de fiebre de diez pulgadas de diámetro. Todo su abdomen creció con carne orgullosa, una capa sobre otra hasta que hubo cinco capas. Una enfermera tuvo que levantar estas capas y lavarlas con un antiséptico para evitar la entrada de gusanos.

Cuando me expuso su abdomen para orar por él, me quedé impactada. Nunca había visto nada similar. Cuando comencé a orar por él, abrí mis dedos y puse mi mano directamente sobre ese crecimiento maldito de carne orgullosa. Oré a Dios en el nombre de Jesucristo para que destruyera la maldición del infierno y la quemara con el poder de Dios.

Después de orar, tomé el tren de regreso a Chicago. Al día siguiente recibí un telegrama que decía: "Lake, ha sucedido algo muy inusual. Una hora después de que te fuiste, toda la huella de tu mano se quemó en ese crecimiento de un cuarto de pulgada de profundidad".

¡Hablas del voltaje del Cielo y del poder de Dios! ¡Por qué hay relámpagos en el alma de Jesús! ¡Los relámpagos de Jesús curan a los hombres con su destello!

¡El pecado se disuelve y la enfermedad huye cuando el poder de Dios se acerca!

Y, sin embargo, estamos discutiendo y preguntándonos si Jesucristo es lo suficientemente grande como para satisfacer nuestras necesidades.

¡Baja las barras!

Deja que Dios entre en tu vida.

En el nombre de Jesús, tu corazón no estará satisfecho con un Pentecostés vacío. ¡Pero tu alma reclamará la luz de Dios y los relámpagos de Jesús para inundar tu vida!

Un día, cuando era joven, necesitaba sanidad del Cielo, pero no había nadie que orara por mí. Ni siquiera era cristiano en el mejor sentido de ser cristiano. Yo era miembro de la iglesia metodista y había visto a Dios sanar a un alma querida que era muy querida para mí.

Mientras me sentaba solo, dije: "Señor, he terminado con el médico y el diablo. He terminado con el mundo y la carne. De hoy en adelante, me apoyo en el brazo de Dios".

En ese mismo momento, me comprometí con Dios y Dios Todopoderoso aceptó mi consagración a Él, aunque no había señales de curación.

¡La enfermedad que casi me mata y que se había quedado en mi vida durante casi nueve años se había ido! Era estreñimiento crónico. Tomaría tres onzas de aceite de ricino en una sola dosis tres veces por semana.

El lugar de la fuerza y el lugar de la victoria es el lugar de la consagración a

Dios. Esa victoria vendrá cuando un hombre apriete los dientes y diga: "Yo voy con Dios por este camino".

No hay hombre vivo que pueda definir las operaciones de la fe en el corazón de un hombre. Pero de una cosa podemos estar seguros: cuando nos separamos de todos otra ayuda, nunca hemos encontrado que el Señor Jesucristo falle. Si hay fallas, son nuestras, no de Dios.

Edward Lion era un nativo que, hasta hace unos años, ni siquiera usaba ropa. Era analfabeto y no sabía absolutamente nada de nuestra concepción de la erudición.

Pero Dios ungió a ese hombre con la fe de Dios y una medida del Espíritu Santo tan intensa que en una ocasión cuando una multitud de enfermos habían sido llevados a un valle, el poder de Dios vino sobre él y subió a la ladera de la montaña, extendió sus manos sobre los enfermos de abajo, y abrió su corazón a Dios.

¡En un minuto, cientos fueron sanados! El poder sanador cayó sobre ellos.

No hay tal caso registrado en el Nuevo Testamento. Jesús prometió que los Últimos Días estarían marcados por obras mayores que las que Él mismo había realizado.

En 1912 fui pastor del tabernáculo apostólico de Johannesburgo, Sudáfrica.

Una de las enseñanzas cardinales de nuestra organización fue el ministerio de sanidad por quinta en Jesucristo, el Hijo de Dios. Los enfermos fueron traídos de todas partes de la tierra; y miles fueron sanados a través de la oración de fe y la imposición de manos de los que creyeron.

Nuestra iglesia disfrutaba entonces de un gran período de bendición y poder espiritual. Comúnmente ocurrieron varias manifestaciones notables del Espíritu.

En un servicio dominical por la mañana, antes de que se ofreciera la oración pública, un miembro de la congregación se levantó y pidió que los presentes se unieran en oración a favor de su prima en Gales (7,000 millas al otro lado del mar desde Johannesburgo), para que pudiera ser sanada. Afirmó que la mujer estaba violentamente loca y reclusa en un manicomio en Gales.

Me arrodillé en la plataforma para orar; y un grado inusual del espíritu de oración vino sobre mi alma, haciéndome orar con fervor y poder. El espíritu de oración cayó sobre la audiencia al mismo tiempo.

La gente normalmente se sentaba en sus asientos e inclinaba la cabeza mientras se ofrecía la oración, pero en esta ocasión 100 o más en diferentes partes de la casa se arrodillaron para orar conmigo. Yo estaba pronunciando la oración audible; estaban rezando en silencio.

Una gran conciencia de la presencia de Dios se apoderó de mí. Mi espíritu se elevó en una gran conciencia de dominio espiritual, y me sentí por un momento como si estuviera ungido por el Espíritu de Dios para echar fuera demonios.

Mis ojos internos, o espirituales, se abrieron. Pude ver, en el espíritu y observé que había un rayo de luz aparente, acompañado por un poder en movimiento, proveniente de muchos de los que oraban en la audiencia.

A medida que la oración continuaba, estos rayos de luz de los que oraban aumentaron en número. cada uno de ellos llegó a mi propia alma, trayendo un impulso creciente de poder espiritual hasta que casi me sentí superado por él.

Mientras esto sucedía, pronunciaba las palabras de oración con gran fuerza y poder espiritual consciente.

De repente, me pareció fuera del cuerpo y, para mi sorpresa, observé que estaba pasando rápidamente sobre la ciudad de Kimberley, a 300 millas de Johannesburgo. A continuación, me di cuenta de la ciudad de Ciudad del Cabo en la costa, a mil millas de distancia. Mi próxima conciencia fue de la isla de Santa Elena, donde había sido desterrado Napoleón; luego el faro de Cabo Verde en la costa de España.

En este momento parecía como si estuviera cruzando la atmósfera observándolo todo, pero moviéndome con una gran rapidez como un relámpago.

Recuerdo el paso a lo largo de la costa de Francia, a través del Golfo de Vizcaya, hacia las colinas de Gales. Nunca había estado en Gales. Era un país nuevo para mí; y mientras pasaba velozmente por sus colinas, me dije a mí mismo: Estos son como las colinas

de Wyoming a lo largo de la frontera con Dakota del Norte. De repente, apareció un pueblo. Estaba enclavado en un profundo valle entre las colinas. A continuación vi un edificio público que reconocí instintivamente como el manicomio.

En la puerta observé una aldaba anticuada del siglo XVI. Su mano de obra atrajo mi atención y este pensamiento brilló en mi espíritu: Eso sin duda fue hecho por uno de los antiguos herreros que fabricaban armaduras.

Estuve dentro de la institución sin esperar a que se abrieran las puertas y me presenté al lado de un catre en el que yacía una mujer. Tenía las muñecas y los tobillos atados a los lados del catre. Le habían pasado otra correa sobre las piernas por encima de las rodillas y otra sobre los pechos. Estos eran para sujetarla.

Ella estaba moviendo la cabeza y murmurando incoherencias.

Puse mis manos sobre su cabeza y, con gran intensidad, ordené en el nombre de Jesucristo, el Hijo de Dios, que el espíritu demoníaco que la poseía fuera expulsado y que ella fuera sanada por el poder de Dios. En un momento o dos, observé un cambio en su semblante. Se suavizó y apareció una mirada de inteligencia.

Entonces abrió los ojos y me sonrió a la cara. Sabía que estaba sana.

No tenía conciencia alguna de mi regreso a Sudáfrica. Instantáneamente, me di cuenta de que todavía estaba arrodillado en oración, y estaba consciente de todo el entorno que rodeaba mi iglesia y el servicio.

Pasaron tres semanas. Entonces mi amigo que había presentado la petición de oración por su primo vino a mí con una carta de uno de sus parientes, diciendo que había ocurrido algo inusual. Su primo, que había estado confinado durante siete años en el manicomio de Gales, se había recuperado repentinamente. No tenían ninguna explicación que ofrecer. Los médicos dijeron que era una de esas cosas inexplicables que a veces ocurren.

Estaba perfectamente bien y había regresado a casa con sus amigos.

Después de regresar de África hace algunos años, pasé un tiempo visitando a mi hermano ya mi hermana. Mientras nos sentábamos juntas un día, mi hermana dijo: "John, tengo algunos vecinos aquí que son ancianos alemanes y están pasando por un momento muy difícil.

"Primero murió el anciano; luego murió una de las hermanas. Pasó esto y pasó aquello. Finalmente, el hijo, que es constructor de barcos, se cayó y lo llevaron al hospital.

Ahora le ha entrado gangrena; dicen su pierna tiene que ser amputada.

"La anciana madre, una lisiada reumática, ha estado sentada en una silla de ruedas durante dos años y medio y no puede moverse".

Mi hermano y yo habíamos estado discutiendo sobre esto mismo. Jim, un tipo espléndido, profesor y bien educado, dijo: "Jack, ¿no crees que todas estas cosas son psicológicas?"

"No mucho", le dije.

Jim dijo: "Creo que lo es. ¿No crees que la curación es una demostración del poder de la mente sobre la materia?"

Dije: "No. Si eso fuera todo, podrías dar una demostración tan buena como yo".

Después de un rato, nuestra hermana dijo: "He estado cruzando la calle y he hecho arreglos para que vayas y ores por estas personas".

Dije: "Muy bien. Jim, ven conmigo".

Cuando llegamos, le pregunté a la anciana: "Madre, ¿cuánto tiempo llevas en esta silla de ruedas?"

Ella respondió: "Dos años y medio. Es terriblemente difícil. No solo es difícil estar sentada aquí todo el tiempo, sino que sufro día y noche, sin ningún momento de relajación de mi agudo sufrimiento durante todo este tiempo".

Mientras la escuchaba, la llama de Dios entró en mi alma.

Dije: "¡Tú, demonio reumático, en el nombre de Jesucristo, te borraré, aunque sea lo último que haga en el mundo!" Imponiendo las manos sobre ella, miré al cielo y clamé a Dios para que echara fuera a ese demonio y la liberara.

Entonces le dije: "Madre, en el nombre de Jesucristo, levántate de tu silla y camina".

¡Y ella se levantó y caminó!

Mi hermano dijo: 'Vaya, vence al diablo'. Respondí: '¡Esa es la intención!'

Pasamos a otra habitación para ver al hijo al que le iban a amputar la pierna. Me senté por unos minutos y le hablé del poder de Dios. Dije: "Hemos venido a ustedes con un mensaje de Jesucristo, y no solo hemos venido con el mensaje, sino con el poder de Dios".

Y poniendo mis manos sobre el miembro dije: "¡En el nombre del Dios viviente, nunca amputarán este miembro!" La pierna fue curada.

Después de unos seis meses, volví a pasar por la casa de mi hermana. La joven del otro lado de la calle llamó y dijo: "Tienes que cruzar y ver a mi madre ya mi hermano. Están muy bien".

Cuando llamé, descubrí que la anciana estaba muy feliz. Pregunté por su hijo. Ella dijo: "Oh, Jake, él no está en casa. ¡Vaya, está tan bien que bajó al salón y bailó toda la noche!"

Esperé a ver a Jake y traté de decirle algo sobre el Dios vivo que había sentido en su cuerpo y que quería tomar posesión de su alma y revelar la naturaleza de Jesucristo en él.

Pasaron cinco años. Cuando me detuve nuevamente en la casa de mi hermana, ella dijo: "¿Recuerdas a las personas por las que oraste al otro lado de la calle? Aquí está Jake ahora, viniendo del trabajo".

Nos sentamos en el porche y hablamos. Le dije: "Bueno, Jake, ¿cómo te va?"

"Oh", dijo, "no lo entiendo todo, pero algo ha estado sucediendo. Está dentro de mí. Primero, no pude ir al baile. Luego, no pude beber cerveza; luego mi tabaco no sabía bien; y entonces una alegría vino a mi corazón. Descubrí que era Jesús".

Este hombre había nacido de Dios, su naturaleza fue puesta en unión con Dios por el Espíritu Santo. ¡Bendito sea Su precioso Nombre!

Unos días después de mi llegada a Johannesburgo, el superintendente de una de las grandes sociedades misioneras dijo: "Nuestro pastor nativo, que tiene la iglesia a unas puertas de su casa, debe irse por seis semanas. ¿Ocupará el púlpito de la iglesia nativa?" Iglesia hasta que estés listo para emprender tu propio trabajo?"

Esta fue la primera puerta de Dios. ¡Acepté al instante!

El domingo por la tarde prediqué a una congregación de 500 zulúes a través de una intérprete competente, una mujer misionera que había vivido entre los zulúes durante 30 años.

A medida que avanzaba la reunión, se desarrolló una condición espiritual casi similar al terrible silencio, la profunda quietud que impregna la atmósfera que precede a un ciclón.

Esta condición en el Espíritu culminó repentinamente cuando, por un solo impulso, la audiencia nativa estalló en oración. Todos oraron, santos y pecadores por igual, pero nadie vino al altar. No se hizo ninguna invitación.

Dios había venido con una abrumadora convicción por el pecado, y nos impresionó que no era la mente de Dios comenzar a segar hasta que Dios mismo metiera la hoz.

Siento, a partir de la experiencia de la vida como predicador del Espíritu Santo, que se hace un gran daño al no esperar una madurez real de la obra del Espíritu Santo en el alma de una audiencia. Con tanta frecuencia, se da una invitación y se ejerce presión sobre la audiencia para traer almas al altar antes de que la madurez de la Convicción de Dios para el arrepentimiento sea completa.

Al final de la reunión, mi intérprete dijo: "En toda mi experiencia misionera, nunca antes había visto tal espíritu de oración en una audiencia nativa".

La siguiente reunión tuvo lugar a las 7 de la noche. Una tranquila quietud invadió la reunión. Dios estaba buscando corazones.

Prediqué sobre el arrepentimiento: el arrepentimiento real, el arrepentimiento del ciento por uno, el arrepentimiento del Espíritu Santo, la metanoia del cielo, la separación completa del mundo, su pecado y su espíritu, como Jesús se separó para toda justicia en el río Jordán. (Mateo 3:13-15.)

De repente, un hombre se levantó en la parte de atrás de la audiencia y se dirigió al altar. Cuando estaba a unos tres metros del altar, el Espíritu del Señor lo golpeó y cayó de bruces.

Otro hombre se levantó y caminó con calma y firmeza hacia el frente. ¡Cuando llegó a donde había caído el primer hombre, el Espíritu del Señor lo golpeó y cayó encima del No. 1!

Uno tras otro, comenzaron a avanzar. Cada uno a su vez cayó en el mismo lugar hasta que quince hombres se apilaron, uno encima del otro.

Era una noche calurosa y bochornosa. Estaba preocupado porque en el fondo de la pila había un hombrecito acostado boca abajo. El siguiente hombre yacía encima de él, presionando la cara del primer hombre contra el suelo, y tuve miedo de que se asfixiara.

Nunca antes había presenciado una situación así. Había visto muchas manifestaciones maravillosas de Dios, pero ninguna como esta.

Pronto me venció mi simpatía humana por el pequeño en el fondo de la pila. Me agaché y traté de quitarme de encima a dos o tres de estos hombres; pero estaban tan apilados, uno encima del otro, que parecía imposible alcanzarlo.

El Espíritu del Señor habló dentro de mi alma y dijo: "Si Dios ha matado a estos, ¿no puedes confiar en Él para evitar que los asfixien?"

Respondí: "Discúlpame, Señor", y regresé a mi asiento en la plataforma.

Mi intérprete estaba muy perturbado. Ella dijo: "Dr. Lake, ¿qué hará ahora?"

Respondí: "El Señor está haciendo esto. Simplemente esperaremos y veremos lo que hace el Espíritu Santo y aprenderemos cómo lo hace. Recuerda, hermana, Él dio a conocer sus caminos a Moisés, sus hechos a los hijos de Israel (Sal. 103:7). Hemos visto sus actos extraños. Tal vez ahora podamos aprender sus caminos". Nos sentamos en silencio. En unos quince minutos, uno de los hombres postrados comenzó a confesar su pecado a voz en cuello. ¡Fue una confesión sincera del alma de una minuciosidad tan evidente! Después de un corto tiempo, se levantó con la luz de Dios en su rostro y volvió a su asiento.

En ese momento otro hombre estaba confesando, y luego otro y otro, hasta que los quince hombres hubieron derramado sus almas a Dios y regresaron a sus asientos.

Le indiqué al intérprete que quería que me trajeran al primer hombre (el muchachito por el que me había angustiado) para poder interrogarlo.

Era un nativo zulú que trabajaba para una familia holandesa. Le habían dado un nombre holandés, Willum.

Le dije: "Willum, dime: ¿Qué sucedió mientras estabas acostado en el piso?"

Me dijo en holandés, "Oh, jefe, (esta era la forma en que el nativo siempre se dirigía a un hombre blanco) mientras yo yacía en el suelo, Jesús vino a mí, y Jesús dijo: 'Willum, tomo todo tu los pecados lejos.' Y Jesús se fue. Luego Jesús volvió. Y Jesús puso Su mano sobre mi corazón, la movió hacia arriba y hacia abajo, y dijo: 'Willum, hago que tu corazón sea completamente blanco'. "

Willum me miró a la cara. Fue todo glorificado con la luz del Cielo hasta que su rostro fue como el rostro de un ángel. Él dijo: "¡Mi corazón todo blanco! ¡Mi corazón todo blanco!"

Él y su amigo se quedaron en la iglesia y cantaron toda la noche. A las 6 en punto de la mañana siguiente, ambos fueron a su trabajo.

El miércoles por la noche, mi esposa y yo nos sentamos juntos en la plataforma. Willum y su amigo llegaron temprano y se sentaron en el asiento delantero.

La Sra. Lake preguntó: "John, ¿quién es el niño sentado en el asiento delantero?"

Respondí: "Este es el chico que me impresionó tanto el domingo por la noche".

"Juan, Jesús me dijo hace un momento que si ponía mis manos sobre ese niño, Él lo bautizaría con el Espíritu Santo".

"Entonces ve a él de inmediato".

Ella puso sus manos sobre él. En tres minutos fue lleno del Espíritu Santo, hablando en lenguas, glorificando a Dios y profetizando.

Cerca de una ciudad sudafricana en la que yo estaba ministrando, había colinas con afloramientos de rocas como una serie de acantilados, uno encima del otro. Subiría a estos cerros para estar solo y descansar.

Un día observé a una señora que traía a un niño pequeño y lo colocaba en uno de los estantes sobre un pequeño acantilado. Dejó al niño algo de comida y agua. Parecía algo peligroso de hacer, ya que el niño podría caerse y lastimarse. Sin embargo, observé que el niño estaba lisiado y no podía moverse.

Después de que su madre se fue, me acerqué a él, puse mis manos sobre él y oré. Inmediatamente, el niño salió corriendo colina abajo para alcanzar a su madre.

Sin querer encontrarme con nadie, me moví alrededor de la colina fuera de la vista.

Un día, una mujer llegó a las Salas de Curación en el antiguo Rookery Building en Spokane. No podía levantar el brazo. Dijo que tenía una llaga abierta en el costado y que no podía obtener ayuda de los médicos. Agregó que no tenía fe en los médicos, en el hombre, en Dios o en Jesucristo, pero me preguntó si podía ayudarla.

Oré por ella tres veces sin resultados. Después de la tercera vez le dije a Dios: "Dios, su alma está cerrada. Abre su alma para que pueda recibir".

A la mañana siguiente, mientras se arreglaba el cabello, de repente descubrió que estaba usando el brazo malo y lo tenía levantado hasta la cabeza. Se palpó el costado y la llaga abierta había desaparecido.

Inmediatamente, ella llamó por teléfono para contarnos al respecto.

Le dije: "Hermana, venga aquí. Hay gente esperando para escuchar su testimonio".

¿Cuánta fe requiere Dios de la persona que viene y pide?

Una oración final de una interpretación de lenguas dada en junio de 1910, en Somerset, East Cape Colony, Sudáfrica:

"Cristo es a la vez el descenso sin mancha de Dios al hombre y la ascensión sin pecado del hombre a Dios, y el Espíritu Santo es el Agente por el cual esto se logra".

Una mente santa no puede repetir una cosa vil, ni ser el creador de una sugerencia vil. Es una mente impía la que es capaz de tal acto. Digo con Pablo, marca a tal persona Romanos 16:17. Puede hablar, pero no conoce a Dios. No comprende el poder de la salvación, ni es poseedor del Espíritu Santo.

Greater Exploits 2 – Enlaces de podcasts de audio

Naciste para esto – Sanación, Liberación y Restauración – Descúbrelo de los grandes – Audio Podcast Links

Capítulo 11 Parte 10
https://anchor.fm/otakada.org/episodes/part-10—who-am-i-eucs78

Capítulo 12 Parte 11 -
https://anchor.fm/otakada.org/episodes/Part-11–Enough-is-Enough—How-can-I-do-Gods-work-and-be-hungry-and-thirsty -Testimonios-euka7b

Capítulo 13 Parte 12
https://anchor.fm/otakada.org/episodes/Part-13—Speak-to-it–The-word-works–The-name-of-Jesus-works–Speak-to-yourself- ev2t0s

Capítulo 14 Parte 13 -
https://anchor.fm/otakada.org/episodes/Part-13—Háblale–La-palabra-funciona–El-nombre-de-Jesus-funciona–Háblate a ti mismo -ev2t0s

Capítulo 15 Parte 14 -
https://anchor.fm/otakada.org/episodes/Fifty-50-Nuclear-

Powered-Scriptures-the-Saints-of-Old-Used-to-FLIP-their-
WORLD-upside-down -ev5p93

Capítulo 16 Parte 15 -
https://anchor.fm/otakada.org/episodes/Part-15–God-says–
I-do-nothing-outside-my-CONTRACTs-with-USTED-and-
I-have-EXIT -CLÁUSULAS-también-evc5va

Capítulo 17 Parte 16 -
https://anchor.fm/otakada.org/episodes/Part-16—The-
Power-Resident-in-the-Communion–Stop-Self-Sabotaging-
efforts-and-live-in-peace -evf88k

Capítulo 18 Parte 17 -
https://anchor.fm/otakada.org/episodes/Part-17—Basta-ya-
es-suficiente-para-el-cautiverio-bienvenido-a-la-libertad-
en-Cristo-Jesus—Tormentas-de-vida -evg9k2

Greater Exploits 2 – Enlaces de video

Naciste para esto – Sanidad, Liberación y Restauración – Infórmate de los grandes - Video Youtube Links

Capítulo 11 Parte 10 https://youtu.be/tQGtfw-Kg9U

capitulo 12 parte 11 - https://youtu.be/Puh7wRu0AQ4

Capítulo 13 Parte 12 - https://youtu.be/ciuHgVsJmvs

Capítulo 14 Parte 13 - https://youtu.be/ciuHgVsJmvs

Capítulo 15 Parte 14 - https://youtu.be/Bc2JWdAfl9A

Capítulo 16 Parte 15 - https://youtu.be/HhmGfpskU04

Capítulo 17 Parte 16 - https://youtu.be/cbAz1f3iz2M

Capítulo 18 Parte 17 - https://youtu.be/EtSbu_9xowQ

Grandes hazañas 2 - Capítulo 11

Naciste para esto: curación, liberación y restauración: descubre cómo de los grandes: introducción de suficiente es suficiente para el cautiverio y bienvenido a la libertad en Cristo.

Parte 10 - Basta ya del cautiverio de Satanás y bienvenido a la libertad en Cristo Jesús - ¿QUIÉN SOY YO? ¿Quién eres en Cristo Jesús? ¿Qué debemos hacer al respecto para vivir verdaderamente en Libertad en Cristo Jesús? – La historia de Jackie Chan + Lester Sumrall muestra quién es en tres (3) historias – La liberación de Cornelio, El niño de doce años que desaparece y reaparece y otras historias para construir Tu fe y la mía de que es POSIBLE, Tú naces ¡este!

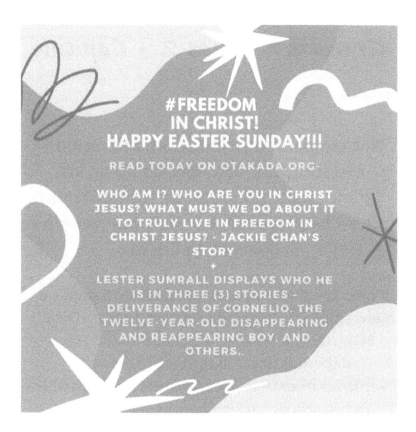

Oración y Ayuno por la Iglesia y el Liderazgo:

Oración y Ayuno por la Iglesia y el Liderazgo – Día 20 de 40

Colosenses 2:2-3;11-15

Colosenses 2:2-3

La traducción de la pasión

2 Lucho por vosotros para que vuestros corazones sean envueltos en el consuelo del cielo y entretejidos en la tela del amor. Esto le dará acceso [a] a todas las riquezas de Dios al experimentar la revelación del gran misterio de Dios: Cristo.

3 Porque nuestra riqueza espiritual está en él, como un tesoro escondido que espera ser descubierto: la sabiduría del cielo y las riquezas infinitas del conocimiento de la revelación.

Colosenses 2:11-15

La traducción de la pasión

11 Por nuestra unión con él hemos experimentado la circuncisión del corazón. Toda la culpa y el poder del pecado [a] han sido eliminados y ahora están extintos debido a lo que Cristo, el Ungido, ha realizado por nosotros.

12 Porque hemos sido sepultados con él hasta su muerte. Nuestro "bautismo en muerte" también significa que resucitamos con él cuando creímos en el poder de resurrección de Dios, el poder que lo resucitó del reino de la muerte. 13 Este "reino de la muerte" describe nuestro estado anterior, porque estábamos sujetos a las garras del pecado. [b] Pero ahora, hemos sido resucitados de ese "reino de la muerte" para nunca volver, ¡porque estamos vivos para siempre y perdonados de todos nuestros pecados!

14 Anuló todas las infracciones legales que teníamos en nuestro expediente y la antigua orden de arresto que nos acusaba. Él lo borró todo: nuestros pecados, nuestra manchada [c] alma, ¡lo borró todo y no se puede recuperar! Todo lo que una vez fuimos en Adán [d] ha sido colocado en su cruz y clavado allí permanentemente como una exhibición pública de cancelación.

[15] Entonces Jesús hizo **un espectáculo público de todos los poderes y principados de las tinieblas, despojándolos de toda arma y de toda su autoridad espiritual y poder** [e] **para acusarnos.** Y por el **poder de la cruz,** Jesús los condujo como prisioneros en una procesión de triunfo. *Él no era su prisionero; ¡eran suyos!* [f]

Oración: *Padre, ¡qué logro! – ¡Qué misterio! – ¡Qué libertad la que realizaste creativamente a través de tu Hijo Jesucristo! Querido Espíritu Santo, hoy, perfora estos rhema en nuestras conciencias y mente subconsciente. Haz que Tu cuerpo de creyentes y liderazgo inclusive experimenten esta libertad en la obra terminada. Para que el mundo sepa que verdaderamente hay sanidad, hay liberación y hay restauración en el espíritu, el alma y el cuerpo, que nos ha devuelto a donde estábamos antes de la caída en el Jardín del Edén para que vengan corriendo. para experimentar lo que Tus hijos están experimentando como resultado de esta asociación contigo en el nombre de Jesucristo, Amén.*

***Una Palabra para el cuerpo de Cristo recibido en la causa de este ayuno** – El Señor dice,*

   "Cualesquiera que sean los problemas que enfrente en su viaje de peregrinación que no estén alineados con mi palabra, ÚNASE (Pacto o acuerdo) conmigo en esa área específica donde USTED requiere mi intervención y esté atento a mi SALVACIÓN en esa área en particular – Yo no hacer nada fuera de mi sociedad contigo."

Que los que tienen oído, oigan, reciban y ACTÚEN SEGÚN lo que el Espíritu del Dios viviente está diciendo a las Iglesias para la LIBERTAD TOTAL en el nombre de Cristo Jesús, Amén.

Queridos amigos, ¡les deseo a todos un feliz Domingo de Pascua de Resurrección! Que tú y yo vivamos en la plenitud de la obra terminada que Cristo realizó en esa cruz en el Calvario en el nombre de Jesús, Amén.

Hoy les traemos la parte 10 de nuestra serie sobre basta el cautiverio y bienvenidos a la libertad en Cristo Jesús.

Nuestro compromiso con nosotros mismos y con los demás en Otakada Cyber Church Ministries:

La fe viene por el oír y el oír por *(insight, Rhema – palabra hablada, profundidad y entendimiento de o por)* la palabra de Dios – Romanos 10:17.

Continuaremos hablando, mostrando y relacionando hasta que alcancemos y comprometamos a través de los contenidos a 100 millones de almas para Cristo en todo el mundo para 2040, si Jesús se demora en venir. No dejaremos piedra sin remover hasta que los fervientes buscadores de Dios y los verdaderos creyentes sean traídos a la novedad y la conciencia de Todo lo que Jesús logró en esa vieja y resistente cruz donde todas nuestras anomalías pasadas, presentes y futuras fueron clavadas en esa cruz y dejada sin efecto. poder y efecto tanto ahora como en el futuro de la eternidad. Hasta que todos lo vivamos y lo expresemos en nuestro espíritu, alma, cuerpo y todo lo que nos rodea, dentro y fuera de nuestro círculo de influencia, en *plena sanidad física y espiritual, liberación y restauración para Su gloria y honor en el nombre de Jesús, Amén – Marcos 16 :15-20*

Les traemos hoy el título – *¿QUIÉN SOY YO? ¿Quién eres en Cristo Jesús? ¿Qué debemos hacer al respecto para vivir verdaderamente en Libertad en Cristo Jesús? – La historia de Jackie Chan + Lester Sumrall muestra quién* *es en tres (3) historias – La liberación de Cornelio, El niño de doce años que desaparece y reaparece y otras historias para construir Tu fe y la mía que es POSIBLE, naces tú para esto – Parte 10*

Esta serie es para aquellos que tienen hambre de TODO de Dios – ¡Todo el Consejo Completo de Dios!

Para emprender una campaña exitosa en el ámbito espiritual y físico como ejército del Dios vivo, debemos cultivar en oración estos atributos como precalificación. Estos son:

A: Disponibilidad – Espíritu, Alma y Cuerpo;

B: Audacia para ejercer autoridad y poder;

C: Compasión para sentarse donde la gente sufre;

D: Determinación de avanzar hasta la victoria;

E: Amor sincero que no se basa en lo superficial;

F: Ira ardiente con satanás y

G: Gran Hambre por la PLENITUD de DIOS en nosotros y alrededor para que podamos tocar el mundo para Él

Nuestra escritura guía hoy es Colosenses 3:1-17 y Apocalipsis 5:12.

Pero antes de la escritura, hablemos de la historia de Jackie Chan en la película: ¿Quién soy yo? Porque hay un paralelo del que podemos aprender.

En una película de 2 horas llena de acción de 1998: ¿ Quién soy yo? dirigida por el actor - Jackie Chan y Benny Chan. Jackie protagonizó el papel principal en esta película.

En algún lugar de las selvas de Sudáfrica, una unidad militar multinacional, la Unidad de Fuerzas Especiales, tiende una emboscada a un convoy y secuestra a varios científicos que trabajan en un compuesto altamente volátil extraído de un meteorito descubierto recientemente. Entre los operativos se encuentra un ciudadano de Hong Kong identificado como "Jackie Chan". La CIA asigna a Morgan para que investigue el incidente, sin saber que él y el general recién retirado Sherman orquestaron el secuestro para su beneficio personal. Al mismo tiempo, la CIA asigna otro operativo en Sudáfrica para una operación más encubierta.

Jackie se despierta en una aldea tribal en algún lugar de la sabana africana, todavía recuperándose de las heridas sufridas en un accidente que no recuerda; como resultado, cuando los nativos le preguntan su nombre, él responde preguntándose: "¿Quién soy yo?", Y los nativos lo llaman así. Los miembros de la tribu le muestran los restos de un helicóptero estrellado y las tumbas de los que perecieron a bordo. Pasa semanas recuperándose de sus heridas y aprendiendo sobre la cultura de la tribu. Después de ver autos de rally desde varias millas de distancia, "¿Quién soy yo?" se despide del pueblo y se aventura en un viaje de regreso a la civilización. Se hace amigo del copiloto de rally japonés Yuki después de salvar a su hermano de una mordedura de serpiente y se ofrece a ayudarlos a terminar la carrera.

Cuando llegan a Johannesburgo, "¿Quién soy yo?" conoce a Christine Stark, una periodista enviada para entrevistarlo sobre su aventura en los rallyes. Sin embargo, Morgan se entera de "¿Quién soy yo?" y envía un equipo de asesinos a sueldo para matarlo. Morgan también finge ser su aliado y le dice que lo contacte si está en peligro. Después de escapar de los sicarios, Christine descifra un código secreto escrito en una caja de cerillas que se encuentra en uno de los agentes muertos, lo que los lleva a Róterdam, en los Países Bajos. "¿Quién soy?" y Christine se despidieron de Yuki y se dirigieron a Rotterdam para encontrar más respuestas a su identidad.

En Rotterdam, "¿Quién soy yo?" descubre que Christine es en realidad una agente encubierta de la CIA que intervino sus llamadas. Sin saber en quién confiar, lucha contra los sicarios de Sherman y se cuela solo en el rascacielos Willemswerf, donde descubre a los autores intelectuales del secuestro de los científicos. Se revela que Morgan y el general Sherman están a punto de vender el compuesto extraterrestre a un poderoso traficante de armas llamado Armano.

Mientras esperan que finalice la transacción en línea, los tres hombres salen de la sala de conferencias para tomar un café y decir "¿Quién soy yo?" hora de colarse y robar el disco que contiene la información compuesta. También cancela la transacción y envía el dinero a una organización benéfica para niños, lo que enfurece al traficante de armas. Una vez que descubre la traición de Morgan, "¿Quién soy yo?" intenta matar a Morgan, pero es interrumpido por los sicarios de Morgan. Después de escapar del edificio de una batalla con los sicarios de Morgan, "¿Quién soy yo?" se reagrupa con Christine, quien pide la ejecución de un "Plan B", para rodear el Puente Erasmus y arrinconar a Morgan en cooperación con el Cuerpo de Marines Real de los Países

Bajos. Una vez que Christine patea a Morgan y lo detiene, "¿Quién soy yo?" tira el disco por el puente y le dice a Christine que volverá a África.

¿Cuál es el paralelo aquí? Bueno, a algunos de nosotros nos gusta Jackie en nuestro trabajo cristiano. Nos hemos encontrado con tanta desgracia en la vida: enfermedades, enfermedades que han desafiado la medicina moderna y la ayuda de los médicos, muerte de seres queridos, accidentes, fracasos familiares, fracasos comerciales, fracasos relacionales, enredos demoníacos y lo que sea. Al igual que Jackie, hemos perdido nuestra identidad. No solo en lo físico, sino más importante en el ámbito espiritual como cristianos. Al igual que Jackie, nosotros mismos y otras personas nos han dado un nuevo nombre, a veces varios nombres. Nos hemos encontrado con una amnesia como resultado de accidentes de la vida y olvidado quienes somos en Cristo Jesús.

¿Cuál es mi mensaje de la película "quién soy yo película" aquí?

Estoy aquí a través de este medio para alentarlos hoy y con ustedes, romper esa espalda del cautiverio de satanás para siempre ¿de dónde? Nuestras mentes porque ahí es donde realmente está la batalla. Para que puedas volar como el águila que Dios te creó para ser y hacer en el nombre de Jesús, Amén. No eres el accidente de la vida o un accidente. Estas desgracias de la vida no te definen ni deberían definirte. Tu identidad está totalmente cargada y alineada en Cristo Jesús. Vas a encontrar estas verdades que te liberan a medida que hacemos un descubrimiento de Colosenses 3: 1-

17 y Apocalipsis 5:12 en este asombroso domingo de resurrección en el nombre de Jesucristo: la fe se levantará dentro de ti si te liberas de auto-encarcelamientos y eres bienvenido a la libertad en Cristo Jesús, Amén?

Entonces, ¿Quién soy yo en Cristo Jesús?

Colosenses 3:1-17

La traducción de la pasión

Soy Uno con Cristo en Gloria – Recíbelo en el nombre de Jesús, Amén

3 La resurrección de Cristo es también vuestra resurrección. ¡Es por eso que debemos anhelar todo lo que está arriba, porque allí es donde Cristo se sienta entronizado en el lugar de todo poder, honor y autoridad! [un] 2 Sí, *deléitese con todos los tesoros del reino celestial* y llene sus pensamientos con realidades celestiales, y no con las distracciones del reino natural.

3 Tu crucifixión [b] con Cristo ha cortado el vínculo con esta vida, y ahora tu verdadera vida está escondida en Dios en Cristo. 4 Y como Cristo mismo es visto por lo que realmente es, también se revelará quién eres tú realmente, ¡porque ahora eres uno con él en su gloria!

Soy una Nueva Creación Vida en Cristo Jesús – Recíbelo en el nombre de Jesús, Amén

5 Vive como quien ha muerto a toda forma de pecado sexual e impureza. Vive como quien ha muerto a los deseos de cosas prohibidas, [c] incluyendo el deseo de riqueza, que es la esencia de la adoración de ídolos. 6Cuando vives en estos

vicios enciendes la ira de Dios contra estos actos de desobediencia. [re]

7-8 Así era como te comportabas una vez, caracterizado por tus malas acciones. Pero ahora es el momento de eliminarlos de sus vidas de una vez por todas: la ira, los ataques de ira, todas las formas de odio, [e] maldición, [f] habla obscena, 9 y mentira. [g] Deja a un lado [h] tu viejo Adán-yo con su mascarada y disfraz.

10 Porque habéis adquirido nueva vida de creación que se renueva continuamente a la semejanza de Aquel que os creó; dándote la plena revelación de Dios. 11 En esta vida de nueva creación, su nacionalidad no hace ninguna diferencia, ni su origen étnico, ni su educación, ni su situación económica, *no importan nada* . ¡Porque es Cristo el que significa todo porque vive en cada uno de nosotros! [yo]

Debo amar a Dios y amar a otro. Recíbelo en el nombre de Jesús. Amén.

12 i Dios te ama siempre y con mucho cariño! Vístete, pues , *de las virtudes de Dios* , ya que has sido elegido divinamente para ser santo. Sea misericordioso mientras se esfuerza por comprender a los demás, y sea compasivo, mostrando bondad hacia todos. Sé amable y humilde, imperturbable en tu paciencia con los demás. 13 Soportad las debilidades de los que están en la familia de la fe, perdonándoos unos a otros de la misma manera que habéis sido perdonados graciosamente por Jesucristo. Si encuentra faltas en alguien, libere este mismo regalo de perdón para ellos. 14 Porque el amor es supremo y debe fluir a través de cada una de estas virtudes. El amor se convierte en la marca [i] de la verdadera madurez. [k]

¹⁵ Deja que tu corazón esté siempre guiado [l] por la paz del Ungido, que te llamó a la paz como parte de su único cuerpo. Y siempre estar agradecido.

¹⁶ Que la palabra de Cristo viva [m] en vosotros abundantemente, inundándoos de toda sabiduría. *Apliquen las Escrituras* mientras se enseñan e instruyen unos a otros con los Salmos, y con alabanzas festivas, [n] y con cánticos proféticos que les son dados espontáneamente por el Espíritu, ¡entonces canten a Dios con todo su corazón!

¹⁷ Que toda actividad [o] de vuestra vida y toda palabra [p] que salga de vuestros labios se empape de la belleza de nuestro Señor Jesús, el Ungido. ¡Y lleva tu constante alabanza a Dios Padre *por lo que Cristo ha hecho por ti*!

¿Cuáles son las bendiciones espirituales que necesitan manifestarse aquí y ahora?

Apocalipsis 5:12

La Traducción de la Pasión – Todo lo que tiene el Cordero de Dios, lo tengo Yo en Cristo Jesús, Amén

¹² Y mientras miraba, todos ellos cantaban con voces atronadoras:

"¡Digno es Cristo, el Cordero que fue inmolado, de recibir GRAN PODER y MUERTE, RIQUEZA y SABIDURÍA, y HONOR, GLORIA y ALABANZA!"

Reciba los siete atributos: tesoros espirituales de GRAN PODER y PODER, RIQUEZA y SABIDURÍA, HONOR, GLORIA Y ALABANZA en el poderoso nombre de Jesucristo en este domingo de resurrección en el nombre de Jesús. Amén. La manifestación está sucediendo ahora mismo como en lo espiritual, así que también en lo físico. Tu historia ha cambiado. Obtenga manifestación AHORA en el nombre de Jesús, Amén.

Ahora, leamos las tres historias de Lester Sumrall para su edificación en la fe para edificarlo a usted para hacer lo mismo y aún más, ¿Amén? Esto es de su libro - *Los milagros no suceden simplemente.*

Lester Symrall - Milagros y liberación

Y estas señales seguirán a los que creen; En mi nombre echarán fuera demonios. Marcos 16:17

Habiendo sido criado en una iglesia del evangelio completo, recuerdo haber visto orar por los enfermos y sanarlos desde mi más tierna infancia. Sin embargo, por alguna razón desconocida, no recuerdo haber visto orar por una persona poseída por un demonio y liberarla en una reunión pública.

Si una persona se volvía mentalmente incontrolable, generalmente se la colocaba en un manicomio. De alguna manera, los ministros de ese día no vieron ninguna relación con la sanidad divina, la enfermedad mental y la posesión demoníaca. Al no haber escuchado un sermón sobre la liberación de los perturbados mentales ni haber recibido ninguna instrucción sobre qué hacer con una persona poseída por un demonio, yo era completamente inexperto para tal tarea.

Cornelio - El niño que desaparece

Uno de los encuentros más extraños en mis viajes por más de cien países del mundo tuvo lugar en la Iglesia Metodista Knox Memorial en Manila, la iglesia protestante más antigua de Filipinas. Estaba dirigiendo un avivamiento de salvación y sanidad de tres noches.

En la línea de oración una noche estaba un pastor metodista, el reverendo Roman Quisol, con un joven de unos doce años y sus padres. Cuando me acerqué a ellos para orar, el pastor dijo que el niño, Cornelio Closa, Jr., era un niño malo porque desapareció. Pensé que se refería a que el niño se escapó, así que sugerí a los padres que un buen chapuzón podría remediar el asunto.

El pastor parecía desconcertado. "Hermano Sumrall, usted no entiende", dijo. "Este niño desaparece en el aire y podría desaparecer ahora mismo de mis manos".

De repente sentí un escalofrío recorrer todo mi ser. Al mirar directamente a los ojos del niño pude ver que estaba poseído por un demonio. Puse mis manos sobre él y le pedí a Dios que rompiera el circuito del poder maligno para que este espíritu demoníaco no pudiera volver a entrar en el niño.

Oré por su salvación y por sus angustiados padres católicos romanos. La agonía de la oración me agotó físicamente, pero sabía que Dios me había respondido con liberación. Desde ese momento Cornelio nunca más desapareció.

Poco tiempo después estaba visitando al pastor Quisol y le pregunté más acerca de este extraño muchacho. Explicó que el padre del niño era un viejo amigo que había servido con él en la Marina de los Estados Unidos. El señor Closa le había dicho al ministro que en el último año su hijo había desaparecido misteriosamente y reaparecido unas cien veces. Dijo que Cornelio estaría sentado en el comedor con la familia y simplemente se disolvería en el aire sin que se moviera una ventana o una puerta. O estaría sentado en la sala de estar con sus hermanos y hermanas jugando y de repente los niños gritarían: "¡Cornelio se fue!". No se le pudo encontrar en la casa ni en la calle.

El Rev. Reuben Candelaria, entonces superintendente del Distrito de Manila de la Iglesia Metodista, hizo una cita con la familia Closa para que los visitáramos. Fue un día de regocijo. Nos dieron un buen ejemplo de hospitalidad filipina y, después de un refrigerio, nos acomodamos para hablar con Cornelio sobre sus extrañas desapariciones.

Cornelio nos dijo que aproximadamente un año antes de esta vez había estado caminando por un campo cercano en su camino a casa desde la escuela. Vio a una chica de su mismo tamaño. Llevaba un vestido blanco y era muy bonita con un hermoso cabello largo y suelto alrededor de sus hombros. Cuando se acercó a él, sonrió y dijo: "Por favor, sal a caminar conmigo".

Cornelio, naturalmente, accedió. Luego, cuando la hermosa niña lo tocó, para su asombro, ambos se volvieron invisibles. Podían caminar durante muchas horas, incluso toda la noche y todo el día, y no cansarse. Y cuando ella volviera a abrazarlo, volvería a su cuerpo normal.

Cornelio desaparecería de muchos lugares. A veces desaparecía del aula y reaparecía en el mismo lugar unas horas más tarde. Esto molestó tanto al maestro como a los alumnos que el director hizo que Cornelio fuera despedido de la escuela.

Desaparecía de su casa, a veces por las tardes cuando toda la familia estaba sentada detrás de las puertas cerradas.

En una ocasión, estaba jugando con los otros niños en la sala.

Era de noche y las puertas y ventanas de la casa ya estaban cerradas. La puerta del patio delantero también estaba cerrada. Los niños gritaron de repente: "¡Cornelio se fue!" Todos miraron alrededor de la habitación y en el resto de la casa. Abrieron las puertas y buscaron en el patio y calle abajo, pero no pudieron encontrarlo.

Dos noches después, mientras la familia estaba sentada en la sala de estar, aproximadamente a la misma hora en que él había desaparecido, reapareció arriba. Cuando los padres escucharon a alguien arriba, preguntaron: "¿Quién es ese?"

Cornelio respondió: "Soy yo. Ahora me voy a la cama".

Toda la familia se puso frenética. No solo tenían miedo de lo que le había pasado a su pequeño hijo, sino que tenían miedo de decírselo a la policía. No querían que sus nombres salieran en los periódicos ni querían multitudes de curiosos agolpándose alrededor de su casa para ver lo extraño que estaba pasando.

Le pregunté a Cornelio si alguna vez sintió el cuerpo de esta niña. Él dijo: "Sí, ella siempre tenía frío y nunca sintió calor".

Le pregunté más si ella solo lo seducía de una manera dulce o si era exigente. Me miró con una especie de mirada asustada y dijo que ella lo agarraría y se enfadaría mucho, exigiéndole que obedeciera todos sus deseos.

Entonces le pregunté a dónde irían. Dijo que iban a las salas de cine y como nadie podía verlos, entraban directamente sin pagar. A veces también iban a restaurantes y dijo que habían visitado la Feria Internacional de Filipinas que se celebraba en Luneta. Pero sobre todo les encantaba viajar por los bosques y dar largos paseos por el campo.

El señor Closa, un marino de los Estados Unidos con un historial de diecinueve años, verificaría la historia de Cornelio. Cuando reaparecía y le contaba a su familia que había ido a cierto cine, el padre se apresuraba a bajar y ver si su historia era correcta. Siempre fue cierto.

Le pregunté a Cornelio qué pensaba esta pequeña de sus padres y me dijo que no le gustaban porque estaban en contra de su desaparición.

Le pregunté si alguien más había visto a la chica. Dijo que él era el único que podía verla y que ella estaba parada cerca de él la mayor parte del tiempo.

En ese momento acerqué mi silla a Cornelio y le dije: "Cuando miraste directamente a la cara de esta criatura, ¿no pudiste ver que no era una niña en absoluto?"

Pareció sorprendido porque yo era la primera persona que había cuestionado esto. Él respondió: "Tienes razón. Ella no es realmente una niña en absoluto".

Continué: "Cuando miraste muy de cerca la cara de esta criatura, ¿no te diste cuenta de que ni siquiera era joven?"

Nuevamente pareció sorprendido y dijo: "Sí, ella no era joven en absoluto".

"Entonces," dije, "este era un espíritu maligno para atormentar y arruinar tu vida. Finalmente hubiera destruido tu alma en el infierno."

Cornelio dijo: "Sí, muchas veces me pidió que me fuera y nunca regresara, pero yo tenía miedo de dar mi consentimiento". Luego, con una sonrisa radiante, agregó: "Nunca pensé que podría ser libre y ahora estoy feliz de haber sido liberado. Solía verla todo el tiempo, incluso antes de que me tocara y me pidiera que me fuera con ella. La noche que rezaste por mí, ella estaba parada en la puerta de la iglesia rogándome que fuera a ella. Pero no la he visto desde que oraste por mí y me alegro de que Dios me haya liberado".

Ya han pasado varios años desde que Cornelio fue entregado. Hoy es un joven normal. A través de esta experiencia, muchos de su familia llegaron a conocer a Jesucristo como Señor y Salvador.

Me doy cuenta de que compartir un incidente tan increíble como este es invitar a muchos escépticos a dudar. Me resultaría difícil creerme a mí mismo si no hubiera estado allí y autentificado minuciosamente los hechos de varias fuentes confiables.

El reverendo HA Baker de Formosa, veterano misionero en China y autor de varios libros, se interesó intensamente en este milagro. Había tratado con el poder demoníaco durante muchos años en Oriente. Cuando el Reverendo Baker viajaba de los Estados Unidos a Formosa, se detuvo en Filipinas por un par de días para entrevistar a este joven. En compañía del obispo metodista pasó dos días investigando a fondo la veracidad de esta historia.

El Sr. Baker escribió: "No tengo ninguna duda en cuanto a la realidad de este asunto tal como lo ha registrado. Para la mente pensante, esta es una maravillosa revelación de las realidades del mundo invisible y esta curación muestra la realidad de los milagros como en los días bíblicos. Los hechos son los hechos, la verdad establecida por pruebas suficientes. Cornelio Closa, Jr., fue capaz por el poder del espíritu de pasar a un estado de invisibilidad consciente, moverse independientemente de la materia material y volver de nuevo a la condición normal."

Aprendiendo a Echar Fuera Demonios

En Indonesia, en la isla de Java, cuando tenía veintiún años, me enfrenté por primera vez a una persona poseída por un demonio. Había llegado recientemente al país y este era mi primer encuentro en Java. Mientras la congregación javanesa cantaba en su lengua materna, reconocí la melodía de algunas de las canciones, pero no pude entender las palabras que se cantaban.

Fue durante la primera canción que noté que una niña, de once o doce años, se deslizó del banco delantero al suelo y comenzó a retorcerse como una serpiente. La congregación siguió cantando y el líder de la canción ni siquiera miró hacia la niña. Parecía que yo era el único preocupado por ella. Una espuma verde comenzó a salir de su boca, cubriendo su barbilla y el labio superior. Todavía nadie parecía darse cuenta. Supuse que esto era algo que había sucedido previamente.

Había quinientas o seiscientas personas hacinadas en la sala de reuniones y apenas podía creer que nadie parecía prestar atención a la chica en el suelo haciendo movimientos de serpiente. Miraba hacia la plataforma, sonreía tontamente, sus ojos bailaban como demonios y esa repugnante espuma verde salía de su boca. Ella retrocedía tres o cuatro pies, se contoneaba y volvía a subir hacia la plataforma. Esto continuó durante unos treinta minutos, y los adoradores simplemente ignoraron a la niña mientras cantaban y oraban. Dentro de mí una urgencia divina se acumulaba hasta el punto de estallar. Cuando me presentaron a predicar, mi intérprete y yo caminamos hacia el púlpito. Entonces, en lugar de saludar a la gente como había planeado, una unción divina brotó de mi corazón. Mirando a la pequeña criatura, grité: "¡Levántate y siéntate!" Mi

El intérprete se sobresaltó tanto que no respondió. La niña era analfabeta y no sabía inglés. Debe haber sido el espíritu dentro de ella quien me entendió. Instantáneamente se limpió la espuma verde de la boca con el brazo. Se subió al banco donde se sentó como una momia sin mover un músculo durante cuarenta y cinco minutos mientras yo predicaba. Al final de mi sermón, y sin premeditación, miré a la niña y ordené a los espíritus demoníacos: "Salid de ella". Luego, dirigiéndome a la niña, dije: "Sé libre en el nombre de Jesús".

Mientras hablaba, esa mirada paralizada la abandonó. La rigidez de su cuerpo se relajó. Ella sonrió. Cuando la niña se normalizó y miró a su alrededor, una ola de regocijo inundó a la congregación. Nuevamente mi asombrado intérprete no había dicho una palabra. Por lo tanto, fue el espíritu quien entendió lo que yo había dicho.

Más tarde busqué evaluar esta nueva experiencia. Sabía que había dado liberación a la reunión porque cuando la niña me obedeció y se sentó en el banco, toda la congregación fue llevada a un lugar de preparación para recibir la palabra de Dios. Cuando le ordené que se liberara, trajo una tremenda victoria a la reunión. Después, decenas de almas se agolparon al frente para recibir a Cristo como su Salvador.

Hablé con el reverendo Howard Carter sobre el incidente. Viajábamos juntos, pero él no estaba conmigo en esta reunión en particular. Relató otros casos en los que había visto expulsar espíritus de personas poseídas. Este se convirtió en nuestro tema de discusión durante las próximas semanas. En Indonesia había más brujos que médicos. Los hombres y las mujeres solían llevar sus problemas domésticos, así como sus problemas de salud, a un médico brujo. Las maldiciones de la magia negra eran un hecho cotidiano en todos los pueblos. Casi a diario nos encontrábamos con nuevas situaciones de poder demoníaco que nos eran desconocidas en tierras cristianas.

Otra Experiencia en Java

Unas noches después de esa primera experiencia estaba predicando en otro pueblo de la isla de Java. Una vez más, el salón de la misión estaba repleto y se habían colocado sillas adicionales en los pasillos. Cuando entré por la puerta principal y comencé a caminar por el pasillo lleno de gente, sentí un suave tirón en mi manga. Me detuve y miré el rostro sonriente de una mujer que dijo: "Señor, usted tiene un angelito negro en usted y yo tengo un ángel blanco en mí". Mi pensamiento inmediato fue sonreír y alejarme, pero algo dentro de mí se rebeló. Me volví hacia ella rápidamente y le dije: "Eso es mentira. Yo tengo un espíritu blanco dentro de mí, el Espíritu de Jesucristo, y vosotros tenéis el diablo dentro de vosotros, que es negro y oscuro". Luego, dirigiéndome al espíritu demoníaco, hablé con firmeza: "¡Te ordeno que salgas de ella!" Mientras decía esto, puse mis manos sobre la cabeza de la mujer. Sus ojos brillaron extrañamente, su rostro se contrajo, y de repente fue liberada. Todos en el edificio pudieron sentir la liberación de la mujer cuando vieron cambiar su semblante.

En lugar de continuar hacia el frente de la iglesia, le pregunté a la mujer, a través de mi intérprete, "¿Cuánto tiempo ha estado atada por el diablo?"

Ella dijo: "Hace quince años fui a un médico brujo y el espíritu maligno ha estado en mí desde ese día hasta el día de hoy. Pero ahora estoy libre de eso".

Esto parecía una extraña confrontación con el diablo. Estaba caminando por la puerta de esta iglesia donde nunca antes había estado cuando me encontré con esta situación. Sin embargo, sentí que si lo ignoraba, sería derrotado en mi predicación. Sabía que este espíritu se levantaría contra mí nuevamente durante el sermón y que el único medio de victoria era enfrentarlo y ganar una batalla espiritual. No tuve tiempo de considerar si era capaz de exorcizar al demonio. No tuve tiempo de pensar si era lo correcto. No tuve oportunidad de consultar con nadie sobre lo que le pasaba a la mujer. Ella no parecía estar fuera de servicio de ninguna manera. Simplemente parecía que había una batalla que era inevitable pelear en ese campo de batalla y sabía que no podía haber victoria para la causa de Cristo a menos que estuviera dispuesto a pelear. Lo maravilloso es que trajo una tremenda liberación de bendiciones espirituales a toda la reunión. Cuando la gente vio que el ministro visitante no tenía miedo del diablo, trajo gran fe y victoria a toda la asamblea. Muchos fueron liberados del poder demoníaco antes de que terminara la noche.

Howard Carter y yo ministramos durante tres meses en toda la isla de Java y tuvimos varios encuentros más con espíritus demoníacos. Lo más grande que aprendí fue que no era yo personalmente quien estaba en el conflicto, sino que era Cristo dentro de mí.

Además, no era la persona poseída con quien luché, sino los demonios dentro de ellos.

Descubrí que no había razón para temer porque Dios nunca pierde una batalla. Descubrí que, aunque los poseídos podían gritar y desgarrarse, no buscaban hacerme daño ni tocarme. En la mayoría de los casos, los demonios querían huir y no confrontarme en absoluto. Mi autoridad para el exorcismo se encuentra en la Palabra de Dios. La gran comisión de nuestro Señor y Salvador mandó a Sus discípulos, incluidos los que están en la iglesia hoy, a echar fuera demonios (Marcos 16:15-17). Esto se convirtió en mi Gibraltar de fortaleza espiritual.

A partir de estas primeras experiencias en Oriente, que creo que surgieron providencialmente, descubrí que cuando enfrentaba un problema profundo y el reino de Dios era desafiado, Dios siempre salía adelante y realizaba poderosos milagros para liberar a los cautivos del poder de Satanás.

Oración breve por la autoliberación

"Señor Jesucristo, creo que moriste en la cruz por mis pecados y resucitaste de entre los muertos. Tú me redimiste con Tu sangre y yo te pertenezco, y quiero vivir para Ti. Confieso todos mis pecados, conocidos y desconocidos, lo siento por todos. Renuncio a todos ellos. Perdono a todos los demás como quiero que Tú me perdones. Perdóname ahora y límpiame con tu sangre. Te agradezco por la sangre de Jesucristo que me limpia ahora de todo pecado. Y vengo a Ti ahora como mi libertador. Tú conoces mis necesidades especiales: la cosa que ata, que atormenta, que contamina; ese espíritu maligno, ese espíritu inmundo, reclamo la promesa de Tu palabra: "Todo aquel

que invocare el nombre del Señor, será librado". Te invoco ahora. En el nombre del Señor Jesucristo, líbrame y líbrame. Satanás, renuncio a ti y a todas tus obras. Me suelto de ti, en el nombre de Jesús, y te ordeno que me dejes ahora mismo en el nombre de Jesús. ¡Amén!"

¡Que salga de tu corazón y veas la salvación del Señor!

¿Está usted enfermo o necesita liberación y restauración?

¿Para aquellos que están enfermos o enfermos en cualquier forma o forma, o que necesitan liberación? O restauración, toque amablemente el punto a continuación con fe (fe es ver el resultado positivo preciso de su situación actual, sabiendo que Jesús ha hecho su parte hace más de 2000 años para asegurar su sanidad y liberación, la restauración como pago inicial, confiando en que ese pago inicial está disponible para que usted pueda sacarlo, como un saldo positivo en su cuenta corriente con el banco, sin preguntas, ya que estamos de acuerdo con usted y pronunciamos SEAN SANADOS en el nombre de Jesucristo. Amén)

Por la autoridad que me has otorgado a mí y a ellos, ejerzo esa autoridad ahora en fe con su ira contra el enemigo y el hambre de obtener lo que les has dado gratuitamente a todos, maldigo toda enfermedad, toda enfermedad, ya sea cáncer. , COVID 19, ya sea espíritu de enfermedades, ya sea posesión demoníaca u opresión, ya sea espíritu de pobreza, retrocesos, retraso en el cumplimiento de lo que Dios ya ha determinado y liberado. Venimos contra la anomalía, los ato, los maldecimos hasta la raíz y los expulsamos con autoridad en el nombre de Jesucristo. Amén. Llamamos a una liberación de sanidad, liberación y restauración en sus vidas en el poderoso nombre de Jesucristo. Gracias Señor por los testimonios que permanecen para tu gloria y honor y adoración. Gracias por las almas que se están agregando a Tu reino como resultado de este mensaje, los milagros que ya estamos viendo ahora mismo y manifestándonos para tu gloria en el nombre de Jesús, Amén. ¡Se hace! ¡Alegrarse!

Toca este lugar resaltado como un punto de contacto y confiesa con tu boca: SOY SANADO, SOY LIBERADO y SOY RESTAURADO en mi Espíritu, Alma, Cuerpo y todo lo que me rodea en el nombre de JESUCRISTO, ¡¡¡Amén!!!

Comienza a hacer lo que no podías hacer antes y comienza a confesarte hasta que la sanidad total, la restauración de la liberación se convierta en un fruto en tu vida en el nombre de Jesús, amén. Manténgase hambriento por todo lo de Dios, manténgase enojado y retire todo lo que el enemigo ha retenido en el nombre de Jesús, amén.

Nota: ¡
Dé testimonio de la sanidad para la gloria de Dios y para vergüenza del enemigo! Envíenos un correo electrónico o envíenos un whatsapp si aún necesita que estemos de acuerdo con usted sobre el tema. Y conéctese en la serie de equipamiento a partir de la próxima semana el jueves. ¡Encuentre detalles en breve en nuestro sitio web!

Shalom!

Mayores hazañas 2 – Capítulo 12

Naciste para esto: curación, liberación y restauración: descubre cómo de los grandes en la parte 11

Parte 11 – Basta ya del cautiverio de Satanás y Bienvenidos a la libertad en Cristo Jesús – ¿Cómo puedo hacer la obra cuando tengo hambre y sed? + Testimonios de Kenneth E. Hagin

Oración y Ayuno por los Creyentes y el Liderazgo – Día 24 de 40

Escritura: Juan 6:28-29

Nueva Versión Internacional

28 Entonces le preguntaron: "¿Qué debemos hacer para hacer las obras que Dios requiere?"
29 Jesús respondió: "La obra de Dios es esta: creer en el que él ha enviado".
Oración: Señor, que te creamos y hagamos la obra que has puesto sobre nuestros hombros usando los dones que generosamente depositaste en todos nosotros por el poder de tu Espíritu Santo en el nombre de Jesús. Amén.

Amigos, en la causa de este año, tuve un sueño. En el sueño vi a muchos cristianos que venían a pedirme agua porque tenían sed. Extendí la mano y entregué botellas de agua fría y comencé a entregarlas. Los tenía apilados en el estante.
Después del sueño, investigué más en las escrituras para buscar "agua" y "sed".

Estos son mis hallazgos:

Isaías 55:1
Invitación a los sedientos
"Venid, todos los sedientos , acercaos a las aguas; y los que no tenéis dinero, venid, comprad y comed. Ven, compra vino y leche sin dinero y sin costo.

Mateo 25:35
Porque tuve hambre y me disteis de comer, tuve sed y me disteis de beber, fui forastero y me invitasteis a entrar

Juan 4:13-15
Nueva Versión Internacional13 Jesús respondió: "Todo el que beba de esta agua volverá a tener sed, 14 pero el que beba del agua que yo le doy, no tendrá sed jamás. De hecho, el agua que yo les doy se convertirá en ellos en una fuente de agua que salte para vida eterna".

15 La mujer le dijo: "Señor, dame esta agua para que no tenga sed y tenga que seguir viniendo aquí a sacar agua".

Juan 7:37-39
La traducción de la PasiónRíos de agua viva

37 Entonces, en el día más importante de la fiesta, el último día, [a] Jesús se puso de pie y gritó a la multitud : **"¡Todos los sedientos,** vengan a mí! ¡Ven a mí y bebe! 38 ¡Creed en mí para que de vuestro interior broten ríos de agua viva, brotando[b] de vuestro interior, tal como dice la Escritura!"
39 Jesús estaba profetizando acerca del Espíritu Santo que los creyentes estaban siendo preparados para recibir.[d] Pero el Espíritu Santo aún no había sido derramado sobre ellos, porque Jesús aún no se había manifestado en todo su esplendor.

Hay más referencias pero la última referencia Juan 7:37-38 se quedó conmigo por más tiempo.
Lo que deduzco del sueño/visión es que muchos creyentes no tienen o no tienen convicción con respecto al asunto del Espíritu Santo o sinceramente, consistentemente asociados con el Espíritu Santo en ellos. Estamos pagando * **de labios para afuera** * a la asignación del Espíritu Santo en nuestras vidas - _ *Una teoría y no una aplicación.* _ Estamos poniendo el carro delante del caballo. Eso es un esfuerzo de autosabotaje: dar vueltas en círculos.

Estamos jugando **hangy pangy** con el Espíritu Santo, de ahí la sed. Oro para que revitalicemos al Espíritu Santo dentro de nosotros para Mayores Hazañas en nuestro trabajo cristiano y caminemos con Él. Si no lo hacemos, la primera víctima seremos nosotros y nadie más. Viviremos vidas cristianas secas sin impacto en nosotros y en los demás. Esa no será nuestra porción en el nombre de Jesús, amén.

También hay una segunda parte de treinta para la verdadera palabra de Dios sin diluir que ministra sanidad, liberación y restauración al espíritu, alma y cuerpo de los creyentes.

Esas son mis dos conclusiones. Puedes sacar la tuya pero por todos los medios, mantente lleno con la palabra y el Espíritu Santo en ti.

Dondequiera que estés, canta esta canción con David en

Salmo 63:1-8
La traducción de la pasión Sed de Dios Por el Puro y Resplandeciente Canción del rey David cuando estaba exiliado en el desierto de Judea63 Oh Dios de mi vida, estoy enamorado de ti en este desierto cansado. Tengo sed con los anhelos más profundos de amarte más, con anhelos en mi corazón que no se pueden describir. ¡Tanto anhelo se apodera de mi alma por ti, mi Dios!2 Me llena de energía cada vez que entro en tu santuario celestial para buscar más de tu poder y beber más de tu gloria.3 Porque tus tiernas misericordias significan más para mí que la vida misma. ¡Cuánto te amo y te alabo, Dios!4 Diariamente te adoraré con pasión y con todo mi corazón. Mis brazos ondearán hacia ti como estandartes de alabanza.5 Reboso de alabanza cuando vengo ante ti, porque la unción de tu presencia me satisface como ninguna otra cosa. Eres un rico banquete de placer para mi alma.6–7 Me despierto cada noche pensando en ti y reflexionando sobre cómo me ayudas como un padre. ¡Canto a través de la noche bajo tu esplendor-sombra, ofreciéndote mis canciones de deleite y alegría!8 Con pasión te persigo y me aferro a ti. Porque siento tu control sobre mi vida, mantengo mi alma cerca de tu corazón.

Ahora testimonios de Kenneth E. Hagins

¿Por qué necesita leer acerca de los testimonios de otras personas?

Para que tu fe pueda ser edificada y los uses como punto de contacto para ti porque el mismo Espíritu Santo presente dentro de ti hizo esos milagros y para que puedas aferrarte a estos, por así decirlo, recuerda al Espíritu Santo, quien es el sanador para hacer milagros en tu vida, amén?
¡Las pruebas no muestran rastro de cáncer!

"Tuve cáncer de mama con metástasis en la columna vertebral, la pelvis, los pulmones y los ganglios linfáticos alrededor del corazón. Después de asistir a la Escuela de Sanidad, escuchar la Palabra y recibir la imposición de manos, ahora estoy libre de cáncer. Una gammagrafía ósea y un análisis de sangre no muestran rastros de cáncer".
—HL, Oklahoma

¡Se acabaron los problemas cardíacos!
"Tenía cardiomiopatía e insuficiencia cardíaca. Mi corazón estaba funcionando a sólo el 20 por ciento. Se dice que la función cardíaca normal es del 55 por ciento. Asistí a la Escuela de Curación. Estudié la Palabra que fue enseñada y me impusieron manos para sanidad. Me fui y regresé a mi casa y continué escuchando cintas de escrituras curativas. Volví a mi médico para que me hiciera esta prueba nuevamente y los resultados fueron maravillosos. Mostraron mi corazón funcionando al 50 por ciento. ¡Me siento mucho mejor!"—EG, Ohio

¡De una silla de ruedas a caminar!
"Me habían diagnosticado EM y asistía a la Escuela de Curación por un tiempo. Estaba confinado a una silla de ruedas. También me caí y me rompí un hueso de la pierna.

Después de sentarme bajo la enseñanza de la Palabra de Dios, he aprendido mucho. . . con la imposición de manos he recibido fuerza para caminar y puedo estar de pie sin dolor. Ya no estoy en silla de ruedas y mis reflejos han mejorado al caminar. El hueso roto se curó y ahora puedo subir escaleras y andar en bicicleta estática".
—WF, Oklahoma

"Cuando fui por primera vez a la Escuela de Curación, ni siquiera podía caminar. Literalmente tuve que usar un andador, porque mi tiroides estaba mal y los médicos no sabían qué hacer. Durante un período de varios meses, continué asistiendo a la Escuela de Curación y pasé de un andador a un bastón ya nada. Mi tiroides ahora es completamente normal".
—Robin, Flecha Rota, OK

Diagnóstico: Lupus
"Vine a Healing School todos los días durante dos semanas. Regresé a casa y me hice un chequeo y la doctora estaba confundida cuando no pudo encontrarlo. ¡Le dije que Dios me sanó! Las erupciones, la hinchazón y el dolor en las articulaciones desaparecieron".
—Chameka, Cleveland, OH

"Me caí y me dañé el manguito rotador. Después de que me impusieran las manos, pude levantar mi brazo derecho. También pude leer las Escrituras en mi Biblia por primera vez en cinco o seis años. Y me llené del Espíritu Santo".
—Mary (89 años), Crosby, Texas

"Tuve una lesión en el nervio ciático y un reemplazo parcial de cadera que me causó mucha incomodidad y dolor. Después de la oración, mi pierna derecha se enderezó y mi cadera derecha saltó. El dolor en mi cadera y la debilidad en mi pie desaparecieron. Me muevo mejor

que antes".
—Nate, Tulsa, OK

"Debido a una lesión en el tronco cerebral, tuve daño en los nervios. Estaba experimentando debilidad en mi lado izquierdo y estaba confinado a una silla de ruedas debido a mi incapacidad para caminar. Después de asistir a la Escuela de Curación, al final de la semana estaba caminando. Me quedé sin silla de ruedas el primer día de Healing School, ¡y hoy corrí por primera vez en siete meses! ¡Gloria a Su santo Nombre!"
—JP, Alabama

"Fui hospitalizado en febrero de 2005 por problemas cardíacos. Los médicos dijeron que tenía un depósito de tejido cicatricial en el corazón y también miopatía del ventrículo izquierdo y, como resultado, mi corazón se había engrosado. Empecé a asistir a las sesiones matutinas de Healing School. Hace tres semanas, me hicieron un electrocardiograma y una ecografía del corazón. Ayer mi médico me dijo que mi corazón está totalmente sano y que no tengo miopatía del ventrículo izquierdo. ¡Mis ventrículos están sanos! ¡Mi cuerpo está curado!"
—JR, Tulsa, Oklahoma

"Fui al hospital con sangrado del pulmón y neumonía. Una tomografía computarizada reciente mostró bultos en mi pulmón derecho. He estado asistiendo a la escuela de sanidad matutina y durante ese tiempo me han impuesto las manos en oración. Ayer fui a hacerme una broncoscopia y el médico que me hizo el procedimiento me dijo que no encontró nada en mi pulmón. Dijo que los bultos se habían reducido y no había nada que mostrar del sangrado anterior".
—DA, Broken Arrow, Oklahoma

"Cuando llegué a la Escuela de Curación de la mañana el lunes, llegué con un dolor de espalda insoportable. Fue muy doloroso sentarse durante la enseñanza, pero continué de lunes a miércoles. Cuando regresé el lunes siguiente, ¡entré sin dolor! ¡Estoy curado! ¡A Dios sea la gloria!"
—EM, Tulsa, Oklahoma

"Sufría de hinchazón y espasmos en la mano izquierda y dolor en las articulaciones que me impedía abrir la mano o mover los hombros. Recientemente me desperté una mañana a las 4:30 cuando un amigo me llamó de camino a casa desde el trabajo para ver si había tomado mi medicamento. Mi mano izquierda estaba hinchada en la articulación índice y no podía abrirla. Cuando comencé a contarle a mi amigo lo que había estado aprendiendo en la Escuela de Curación matutina y citarle las escrituras, traté de masajear el dolor de mi articulación. (En el pasado, me tomaba hasta medio día masajear el dolor). Dije: "Aprendí por las llagas de Jesús que fui sanado". Mientras hablaba, de repente el dolor desapareció y pude abrir la mano sin problema. La hinchazón todavía se ha ido. Gracias por todo el cuidado amoroso y la predicación. Llegué sintiéndome vacía después de cuatro años de dolor extremo. ¡Me voy con alegría y sanidad!".
—SG, Frisco, Texas

"Me diagnosticaron un tumor en el útero. Después de sentarme bajo la enseñanza de la Palabra y de que me impusieran las manos, no tengo tumor. ¡Alabado sea el Señor!"
—MD, Oklahoma

"Me diagnosticaron TMJ y tenía dolor en ambos lados de la mandíbula. No podía morder ningún tipo de comida. Alabo a Dios por sanarme en Healing School. ¡No más

dolor de TMJ!"
—SB, Oklahoma

"Ya no necesito usar el bastón. Mi cuerpo no es débil y no hay dolor".
—DH, Texas

"Tenía un latido cardíaco irregular. Después de que me impusieron las manos, sentí que me quitaban la presión debajo de las costillas. ¡Gracias Jesús!"
—JL, Oklahoma

Oración breve por la autoliberación

"Señor Jesucristo, creo que moriste en la cruz por mis pecados y resucitaste de entre los muertos. Tú me redimiste con Tu sangre y yo te pertenezco, y quiero vivir para Ti. Confieso todos mis pecados, conocidos y desconocidos, lo siento por todos. Renuncio a todos ellos. Perdono a todos los demás como quiero que Tú me perdones. Perdóname ahora y límpiame con tu sangre. Te agradezco por la sangre de Jesucristo que me limpia ahora de todo pecado. Y vengo a Ti ahora como mi libertador. Tú conoces mis necesidades especiales: la cosa que ata, que atormenta, que contamina; ese espíritu maligno, ese espíritu inmundo, reclamo la promesa de Tu palabra: "Todo aquel que invocare el nombre del Señor, será librado". Te invoco ahora. En el nombre del Señor Jesucristo, líbrame y líbrame. Satanás, renuncio a ti y a todas tus obras. Me suelto de ti, en el nombre de Jesús, y te ordeno que me dejes ahora mismo en el nombre de Jesús. ¡Amén!"

¡Que salga de tu corazón y veas la salvación del Señor!

¿Está usted enfermo o necesita liberación y restauración?

¿Para aquellos que están enfermos o enfermos en cualquier forma o forma, o que necesitan liberación? O restauración, toque amablemente el punto a continuación con fe (fe es ver el resultado positivo preciso de su situación actual, sabiendo que Jesús ha hecho su parte hace más de 2000 años para asegurar su sanidad y liberación, la restauración como pago inicial, confiando en que ese pago inicial está disponible para que usted pueda sacarlo, como un saldo positivo en su cuenta corriente con el banco, sin preguntas, ya que estamos de acuerdo con usted y pronunciamos SEAN SANADOS en el nombre de Jesucristo. Amén)

Por la autoridad que me has otorgado a mí y a ellos, ejerzo esa autoridad ahora en fe con su ira contra el enemigo y el hambre de obtener lo que les has dado gratuitamente a todos, maldigo toda enfermedad, toda enfermedad, ya sea cáncer. , COVID 19, ya sea espíritu de enfermedades, ya sea posesión demoníaca u opresión, ya sea espíritu de pobreza, retrocesos, retraso en el cumplimiento de lo que Dios ya ha determinado y liberado. Venimos contra la anomalía, los ato, los maldecimos hasta la raíz y los expulsamos con autoridad en el nombre de Jesucristo. Amén. Llamamos a una liberación de sanidad, liberación y restauración en sus vidas en el poderoso nombre de Jesucristo. Gracias Señor por los testimonios que permanecen para tu gloria y honor y adoración. Gracias por las almas que se están agregando a Tu reino como resultado de este mensaje, los milagros que ya estamos viendo ahora mismo y manifestándonos para tu gloria en el nombre de Jesús, Amén. ¡Se hace! ¡Alegrarse!

Toca este lugar resaltado como un punto de contacto y confiesa con tu boca: SOY SANADO, SOY LIBERADO y SOY RESTAURADO en mi Espíritu, Alma, Cuerpo y todo

lo que me rodea en el nombre de JESUCRISTO,
¡¡¡Amén!!!

Comienza a hacer lo que no podías hacer antes y comienza a confesarte hasta que la sanidad total, la restauración de la liberación se convierta en un fruto en tu vida en el nombre de Jesús, amén. Manténgase hambriento por todo lo de Dios, manténgase enojado y retire todo lo que el enemigo ha retenido en el nombre de Jesús, amén.

Nota: ¡
Dé testimonio de la sanidad para la gloria de Dios y para vergüenza del enemigo! Envíenos un correo electrónico o envíenos un whatsapp si aún necesita que estemos de acuerdo con usted sobre el tema. Y conéctese en la serie de equipamiento a partir de la próxima semana el jueves.
¡Encuentre detalles en breve en nuestro sitio web!
Shalom!

Mayores hazañas 2 – Capítulo 13

Naciste para esto: curación, liberación y restauración: descubre cómo de los grandes en la parte 12

Parte 12: Suficiente es suficiente para el cautiverio de Satanás y bienvenidos a la libertad en Cristo Jesús, PERO en esta ÚNICA cosa, todos hemos FRACASADO LAMENTABLEMENTE y le hemos dado a Satanás un punto de apoyo en el viaje de nuestra vida, lo que socava nuestra eficacia como verdaderos embajadores de Cristo en este reino terrenal. – ¡Hoy es el DÍA DE LA PAZ! + The Awesome 490 Story+ Cuanto cuesta una taza de odio por Gbile Akanni

In this one thing we have FAILEDWOEfully!

+ The awesome story of 490 - Find out on otakada.org

Oración y Ayuno por la Iglesia y el Liderazgo – Día 30 de 40

Filipenses 2:1-5

La traducción de la pasión
Unidos en Perfecta Unidad
2 ¡Mira cuánto ánimo [a] has encontrado en tu relación con el Ungido! Estás lleno hasta rebosar de su amor consolador. Habéis experimentado una amistad cada vez más profunda con el Espíritu Santo y habéis sentido su tierno afecto y misericordia. [b]
2 Así que les pido, mis amigos, que estén unidos en perfecta unidad, con un solo corazón, una sola pasión y unidos en un

solo amor. Caminen juntos [ᶜ] con un propósito armonioso y llenarán mi corazón de alegría sin límites.

³ Libérate de opiniones llenas de orgullo, *porque solo dañarán tu preciada unidad* . No permitan que la autopromoción se esconda en sus corazones, sino que con auténtica humildad pongan a los demás primero y vean a los demás como más importantes que ustedes mismos. ⁴ Abandona toda exhibición de egoísmo. Poseer una mayor preocupación por lo que importa a los demás en lugar de sus propios intereses. ⁵ Y consideren el ejemplo que Jesús, el Ungido, nos ha dado. Deja que su mentalidad se convierta en tu motivación.

Oración: *Oh Dios, ayúdanos, Tu cuerpo de creyentes, a inmolarte en todas partes. Concédenos la gracia, donde Tú encuentres la voluntad desde lo profundo de nuestros corazones para evitar el orgullo y revestirnos de humildad con un corazón desinteresado mientras nos acercamos a todos los hermanos que evitan las afiliaciones denominacionales, doctrinas que encuentran su origen en la tradición de los hombres para que podamos abrazar la unidad de corazón y espíritu, perfeccionando la santidad en el nombre de Jesús. Amén.*

Queridos amigos, les damos la bienvenida nuevamente a nuestra serie Basta ya del cautiverio de Satanás y Bienvenidos a la libertad en Cristo Jesús. Hoy les traemos el título "Pero en esto todos hemos FRACASADO LAMENTABLEMENTE y le hemos dado a Satanás un punto de apoyo en el viaje de nuestra vida, socavando nuestra eficacia como verdaderos embajadores de Cristo en este reino terrenal.

Pero esta única cosa es "ofensa" – Ofensa que encuentra su raíz en el orgullo y es impulsada por el amor propio en detrimento del tipo de amor de Dios. Aquí es donde los creyentes flaqueamos permanentemente. Esta es la razón por la que toda la docena sucia del diablo encuentra su origen y es arrastrada hacia nosotros tan fácilmente como sopla el viento. Aquí es donde se originan las oraciones sin respuesta sobre sanidad, liberación y restauración.

En nuestros 7 atributos de librar una campaña exitosa contra el reino de la maldad con respecto a lo suficiente es suficiente para el cautiverio de satanás, que son *A: Disponibilidad - Espíritu, Alma y Cuerpo;*
B: Audacia para ejercer autoridad y poder; C: Compasión para sentarse donde la gente sufre;
D: Determinación de avanzar hasta la victoria; E: Amor sincero que no se basa en lo superficial; F: Ira ardiente con satanás y
G: Gran hambre por la PLENITUD de DIOS en nosotros y alrededor para que podamos tocar el mundo para Él , este título hoy viene como E: **Amor ferviente por Dios, por uno mismo y por los demás.**
Jesús, al plantear este problema de ofensa en particular, lo abordó de esta manera en:

Lucas 17:1-5
Biblia Amplificada, Edición Clásica
17 Y [Jesús] dijo a sus discípulos: Las tentaciones (lazos, trampas tendidas para incitar al pecado) seguramente vendrán, pero ¡ay de aquel por *quien* vengan!
[2] Más le sería de provecho si se le colgase al cuello una piedra de molino y se le arrojase al mar, que hacer pecar *o* ser lazo para uno de estos pequeños [[a] humildes en rango o influencia] .
[3] [b] Presten atención *y* estén siempre en guardia [cuidando unos de otros]. Si tu hermano peca (no da en el blanco), díselo solemnemente *y* repréndelo, y si se arrepiente (se arrepiente de haber pecado), perdónalo.
[4] E incluso si él peca contra ti siete veces en un día, y se vuelve hacia ti siete veces y te dice: Me arrepiento [lo

siento], debes perdonarlo (abandonar el resentimiento y considerar la ofensa como recordada y anulada).

5 Los apóstoles dijeron al Señor: Auméntanos la fe (esa confianza que brota de nuestra creencia en Dios).

El meollo del asunto cstá cn los versículos 3 y 4. La consecuencia está en el versículo 2. Por favor, léalo de nuevo.

Déjame explicarte más. Estamos conectados espiritualmente hablando– Eso ya está establecido por nuestra salvación. Este aspecto de estar unidos es tan fuerte que, espiritualmente hablando, cuando una persona duele, las demás también duelen. Si hay alguna ofensa, no importa quién sea el ofensor, contamina el cuerpo, haciendo que el cuerpo sea menos efectivo para llevar a cabo lo que sea que el cuerpo como un todo esté destinado a lograr.

Dejame explicar. Si algún miembro de RCCG está lastimado o en cualquier tipo de ofensa con cualquier otro miembro del cuerpo de Cristo, digamos en Montaña de fuego, esta ofensa obstaculiza la efectividad general de la obra de Dios, digamos en la casa de Porter en Texas. Así de conectado está el cuerpo de Cristo. Dios no ve nuestras denominaciones pintadas. Él ve a Jesucristo en cada uno de nosotros.

Pablo fue más allá para aclarar este tema del orgullo en Filipenses 2: 1-15

Haré un comentario entre los versos de la siguiente manera en cursiva:

Filipenses 2:1-16
Biblia Amplificada, Edición Clásica
2 Así que por cualquier [apelación a ustedes que haya en nuestra morada mutua en Cristo, por cualquier] fortalecimiento , consuelo *y* estímulo [nuestra relación] en Él [permite], por cualquier incentivo persuasivo [a] que haya

en el amor, por cualquier participación en el Espíritu [Santo] [que compartimos], y por cualquier profundidad de afecto y simpatía compasiva,

2 Llena *y* completa mi alegría viviendo en armonía *y* siendo de la misma mente *y* uno en propósito, teniendo el mismo amor, estando en pleno acuerdo y de una mente *e* intención armoniosas.

COMENTARIO:

Pablo está apelando a la armonía, la unidad de mente, el propósito, el amor, el pleno acuerdo y las intenciones. Dice que eso completaría su alegría.

3 No hagas nada por motivos de facciones [a través de la contienda, la contienda, el egoísmo o por fines indignos] o impulsado por la vanidad *y* la arrogancia vacía. En cambio, en el verdadero espíritu de humildad (humildad de mente) que cada uno considere a los demás como mejores *y* superiores a sí mismo [pensando más alto el uno del otro que de ustedes mismos].

4 Que cada uno de ustedes estime *y* mire *y* se preocupe no [solo] por sus propios intereses, sino también por los intereses de los demás.

COMENTARIOS:

Pablo está diciendo que no debe haber facciones o motivos de facciones: egoísmo, contiendas, fines infructuosos, arrogancia, orgullo, sino más bien humildad.

5 Que esta misma actitud *y* propósito *y* mente [humilde] esté en vosotros que hubo en Cristo Jesús: [Que Él sea vuestro ejemplo en humildad:]

6 quien, aunque siendo esencialmente uno con Dios *y* en forma de Dios [[b] poseyendo la plenitud de los atributos

que hacen a Dios Dios], no [c] pensó que esta igualdad con Dios era algo a ser aferrado con avidez [d] o retenido,

7 Sino que se despojó a sí mismo [de todos los privilegios y [e] dignidad legítima], para asumir la apariencia de un siervo (esclavo), en que se hizo como los hombres *y* nació un ser humano.

8 Y después que apareció en forma humana, se humilló *y* humilló [aún más] y llevó Su obediencia hasta el extremo de la muerte, ¡y muerte de cruz!

COMENTARIOS:

Pablo nos está diciendo que tengamos la humildad que Cristo tuvo y la demostró al ir a la cruz por nosotros. Todos debemos ir a la cruz unos por otros. ¿Cómo? Mostrando el tipo de amor de Dios, perdonando el corazón incluso cuando no hay señal de remordimiento, orando para que tengan un cambio de corazón. Recuerde, lo que Jesús dijo: "Padre, perdónalos, porque no saben lo que hacen". - Lucas 23:34

9 Por tanto [porque se inclinó tanto] Dios lo exaltó hasta lo sumo y [f] le otorgó gratuitamente el nombre que está sobre todo nombre,

10 Que en (en) el nombre de Jesús toda rodilla [g] se (deba) doblar, en el cielo y en la tierra y debajo de la tierra,

11 Y toda lengua [[h] franca y abiertamente] confiese *y* reconozca que Jesucristo es el Señor, para gloria de Dios Padre.

COMENTARIOS:

Pablo está diciendo, debido a esta humildad, debido a la inclinación, Dios levantó a Jesús y le dio un lugar de honor y gloria y principados, los poderes se inclinan ante

Él. Si satanás y toda su sucia docena no se están inclinando, si la enfermedad no se está inclinando, si no hay liberación, si no hay restauración, entonces necesitamos hacer una radiografía de nuestras vidas, ¿podría haber una ofensa? El problema no está en Dios sino en nosotros mismos. Debemos pedirle al Espíritu Santo, y si Él muestra algo, debemos ser lo suficientemente humildes como hijos obedientes de Dios para dar pasos obedientes porque son los obedientes los que son discípulos de Cristo.

[12] Por tanto, amados míos, como siempre han obedecido [mis sugerencias], así ahora, no sólo [con el entusiasmo que mostrarían] en mi presencia, sino mucho más porque estoy ausente, trabajen (cultiven, lleven a cabo al meta, y completamente completa) vuestra propia salvación con reverencia *y* temor y temblor (desconfianza de sí mismo, [i] con seria cautela, ternura de conciencia, vigilancia contra la tentación, rehuyendo tímidamente de todo lo que pueda ofender a Dios y desacreditar el nombre de Cristo).

[13] [No en tu propia fuerza] porque es Dios Quien está todo el tiempo [j] obrando eficazmente en ti [energizando y creando en ti el poder y el deseo], tanto el querer como el hacer para Su beneplácito *y* satisfacción *y* [k] deleite.

[14] Hagan todas las cosas sin murmuraciones , reproches *y* quejas [[l] contra Dios] y [m] preguntas *y* dudas [entre ustedes],

[15] para que seáis irreprensibles *y* sencillos, inocentes *e* incontaminados, hijos de Dios sin mancha (sin mancha, sin reprensión) en medio de una generación torcida *e* inicua [pervertida y espiritualmente pervertida], en medio de la cual sois vistos como luminares (estrellas o faros brillando claramente) en el mundo [oscuro],

[16] Extendiendo [a ella] *y* ofreciendo [a todos los hombres] la Palabra de vida, para que en el día de Cristo tenga algo de

lo cual regocijarme *y* gloriarme con gran júbilo porque no corrí en vano mi carrera ni gasté mi trabajo en balde.

COMENTARIO:

Pablo concluye que esta salvación nuestra debe ser obrada con temor y temblor. No escuché a Pablo decir, "confesa o cree en tu salvación". Pablo dice: "EJECUTEN SU SALVACIÓN con temor y temblor. Sin quejarnos de Dios y sin dudar entre nosotros. Al mismo tiempo permanece irreprensible ante los impíos. No dijo delante de los justos. ¿Porqué es eso? Para que deseen nuestra supuesta salvación. Los malvados tienen que ver nuestra salvación como frutos en nuestras vidas antes de que puedan comprar nuestra salvación. Una de las formas es cómo manejamos las ofensas de ellos y de nosotros mismos.

Concluyo esta sección diciendo que si nos aferramos a la ofensa hacia alguien, no será suficiente para el cautiverio de satanás. Incluso si satanás está dormido. Aferrarse a la ofensa es cautiverio en sí mismo.

¡Hoy es el Día de la Paz!

Acércate hoy y haz las paces con TODOS, entregándote a ti mismo y a los demás con quienes hay ofensa. Te harás el mayor bien de la libertad que sólo los principios de Cristo pueden proporcionar.

Recuerda esto : La Autoridad Espiritual para Mayores Hazañas comienza a manifestarse cuando tú y yo comenzamos a dejar ir y dejar que Dios con cada gigante de ofensa en tu vida y en la mía. La mayor sanación, liberación y restauración comienza dentro de ti, en tu corazón. Cuando tu estómago ofende, Jesús no puede ocupar ese corazón porque la luz y la oscuridad no pueden permanecer juntas.

Esta oscuridad es un alto punto de entrada a la actividad demoníaca en tu vida y en la mía por nuestra participación voluntaria. El ministerio del demonio es matar, calmar y destruir

La impresionante historia de 490
Mateo 18:21-35
Biblia Amplificada, Edición Clásica

[21] Entonces Pedro se le acercó y le dijo: Señor, ¿cuántas veces puede mi hermano pecar contra mí y yo lo perdono y [a] dejarlo ir? [Tanto como] hasta siete veces?

[22] Jesús le respondió: ¡Te digo que no hasta siete veces, sino hasta setenta veces siete!

[23] Por tanto, el reino de los cielos es semejante a un rey humano que quiso ajustar cuentas con sus servidores.

[24] Cuando comenzó la contabilidad, le fue presentado uno que le debía 10.000 talentos [probablemente unos $10.000.000],

[25] Y como no podía pagar, su amo mandó que lo vendieran, con su mujer y sus hijos y todo lo que poseía, y que se hiciera el pago.

[26] Entonces el servidor cayó de rodillas, rogándole: Ten paciencia conmigo y te lo pagaré todo.

[27] Y el corazón de su amo se conmovió con compasión, y lo soltó y lo perdonó [cancelando] la deuda.

[28] Pero ese mismo servidor, al salir, encontró a uno de sus compañeros servidores que le debía cien denarios [unos veinte dólares]; y él lo agarró por el cuello y le dijo: ¡Paga lo que debes!

[29] Entonces su compañero de servicio se echó al suelo y le rogó encarecidamente: ¡Dame tiempo, y te lo pagaré *todo* !

[30] Pero él no quiso, y salió y lo hizo encarcelar hasta que pagara la deuda.

[31] Al ver sus compañeros lo que había sucedido, se entristecieron mucho, y fueron y contaron todo lo que había sucedido a su señor.

32 Entonces su amo lo llamó y le dijo: ¡Maldito *y* malvado servidor! Yo perdoné *y* cancelé toda esa [gran] deuda tuya porque me lo rogaste.

33 ¿Y no deberías haber tenido piedad *y* misericordia de tu compañero, como yo tuve piedad *y* misericordia de ti?

34 Y en su ira su amo lo entregó a los verdugos (los carceleros), hasta que pagara todo lo que debía.

35 Así también mi Padre celestial hará con cada uno de vosotros si no perdonáis generosamente de vuestro corazón a vuestro hermano *sus ofensas* .

Dios y haz lo mismo HOY!

¿CUÁNTO CUESTA UNA COPA DE ODIO?
por hermano Gbile Akanni.

Nunca supe que era tan caro. Quería saber el costo de HATRED, así que decidí abrir una sucursal donde se vende.

Como buen hombre de negocios que buscaba un comprador, el vendedor se apresuró a preguntarme qué quería.

Le dije que solo quería una taza de odio, luego sonrió y me preguntó si podía permitírmelo.

"¿Cuánto cuesta una taza?" ¡¿Yo pregunté?! ¡Hmmmmm! Respiró hondo y luego comenzó...

Primero, te quitará la paz interior.

Te costará preocupaciones incurables.

Se comerá tu corazón.

Estarás profundamente amargado cada vez que pongas tus ojos en la persona que odias.

Cuando los demás lo celebren, buscarás razones por

las que él o ella no se lo merecen.

Te volverás tan débil y cansado de ver a la persona.

Cada vez que él o ella se ríe, tú lloras.

Mientras otros están ocupados planeando su futuro, usted estará ocupado buscando cómo derribarlo.

El Espíritu de Dios os dejará y os convertiréis en el templo de los demonios donde residen los demonios.

Comenzará a tener diferentes problemas de salud como presión arterial alta, diabetes, derrame cerebral, cáncer, enfermedad hepática, enfermedad renal, etc. Mientras bebas de la copa del odio, la amargura, el rencor, la falta de perdón, la malicia, la ira, los celos, la envidia, el resentimiento…. . Peor aún, las oraciones o las drogas no pueden ayudar mucho porque has desobedecido las leyes naturales y sobrenaturales.

Morirás antes de tiempo e irás al infierno.
El vendedor todavía estaba contando lo que me costaría una taza de odio, cuando lo rechacé, dándome cuenta de lo CARO que es el odio.
Me fui porque en el fondo sabía que no podía permitírmelo.
Me negué a pagar una cantidad tan grande cuando puedo AMAR de manera tan fácil y económica.
Amados, no dejéis que nadie os quite vuestro gozo y os venda o os dé odio.
Evite los chismes, la amargura, la ira, etc. porque muchas veces, es lo que escucha sobre alguien lo que genera odio.
Por la Gracia especial de Dios Todopoderoso... no todos moriremos antes de tiempo.

Buenos días, amados ministros en el Señor, y les deseo que se mantengan a salvo

Oración breve por la autoliberación.

"Señor Jesucristo, creo que moriste en la cruz por mis pecados y resucitaste de entre los muertos. Tú me redimiste con Tu sangre y yo te pertenezco, y quiero vivir para Ti. Confieso todos mis pecados, conocidos y desconocidos, lo siento por todos. Renuncio a todos ellos. Perdono a todos los demás como quiero que Tú me perdones. Perdóname ahora y límpiame con tu sangre. Te agradezco por la sangre de Jesucristo que me limpia ahora de todo pecado. Y vengo a Ti ahora como mi libertador. Tú conoces mis necesidades especiales: la cosa que ata, que atormenta, que contamina; ese espíritu maligno, ese espíritu inmundo, reclamo la promesa de Tu palabra: "Todo aquel que invocare el nombre del Señor, será librado". Te invoco ahora. En el nombre del Señor Jesucristo, líbrame y líbrame. Satanás, renuncio a ti y a todas tus obras. Me suelto de ti, en el nombre de Jesús, y te ordeno que me dejes ahora mismo en el nombre de Jesús. ¡Amén!"

¡Que salga de tu corazón y veas la salvación del Señor!

¿Está usted enfermo o necesita liberación y restauración?

¿Para aquellos que están enfermos o enfermos en cualquier forma o forma, o que necesitan liberación? O restauración, toque amablemente el punto a continuación con fe (fe es ver el resultado positivo preciso de su situación actual, sabiendo que Jesús ha hecho su parte hace más de 2000 años para asegurar su sanidad y liberación, la restauración

como pago inicial, confiando en que ese pago inicial está disponible para que usted pueda sacarlo, como un saldo positivo en su cuenta corriente con el banco, sin preguntas, ya que estamos de acuerdo con usted y pronunciamos SEAN SANADOS en el nombre de Jesucristo. Amén)

Por la autoridad que me has otorgado a mí y a ellos, ejerzo esa autoridad ahora en fe con su ira contra el enemigo y el hambre de obtener lo que les has dado gratuitamente a todos, maldigo toda enfermedad, toda enfermedad, ya sea cáncer. , COVID 19, ya sea espíritu de enfermedades, ya sea posesión demoníaca u opresión, ya sea espíritu de pobreza, retrocesos, retraso en el cumplimiento de lo que Dios ya ha determinado y liberado. Venimos contra la anomalía, los ato, los maldecimos hasta la raíz y los expulsamos con autoridad en el nombre de Jesucristo. Amén. Llamamos a una liberación de sanidad, liberación y restauración en sus vidas en el poderoso nombre de Jesucristo. Gracias Señor por los testimonios que permanecen para tu gloria y honor y adoración. Gracias por las almas que se están agregando a Tu reino como resultado de este mensaje, los milagros que ya estamos viendo ahora mismo y manifestándonos para tu gloria en el nombre de Jesús, Amén. ¡Se hace! ¡Alegrarse!

Toca este lugar resaltado como un punto de contacto y confiesa con tu boca: SOY SANADO, SOY LIBERADO y SOY RESTAURADO en mi Espíritu, Alma, Cuerpo y todo lo que me rodea en el nombre de JESUCRISTO, ¡¡¡Amén!!!

Comienza a hacer lo que no podías hacer antes y comienza a confesarte hasta que la sanidad total, la restauración de la liberación se convierta en un fruto en tu vida en el nombre de Jesús, amén. Manténgase hambriento por todo lo de Dios, manténgase enojado y retire todo lo que el enemigo ha retenido en el nombre de Jesús, amén.

Nota: ¡

Dé testimonio de la sanidad para la gloria de Dios y para vergüenza del enemigo! Envíenos un correo electrónico o envíenos un whatsapp si aún necesita que estemos de acuerdo con usted sobre el tema. Y conéctese en la serie de equipamiento a partir de la próxima semana el jueves. ¡Encuentre detalles en breve en nuestro sitio web!
Shalom!

Grandes hazañas 2 – Capítulo 14

Naciste para esto – Sanación, Liberación y Restauración – Descubre Cómo de los Grandes - parte 13

Parte 13 – Basta ya del cautiverio de Satanás y bienvenido a la libertad en Cristo Jesús – ¡La Palabra funciona! ¡El nombre de Jesús funciona! ¡Háblale! ¡Habla contigo mismo! Hablar de las circunstancias y situaciones a la luz de las Palabras de Jesús. Activa el poder de Su Palabra con Tu Voz + serie de historias edificantes de Smith Wigglesworth sobre el asombroso nombre de Jesús cuando todo lo demás falla y permanece sano, liberado y restaurado a través de ellos.

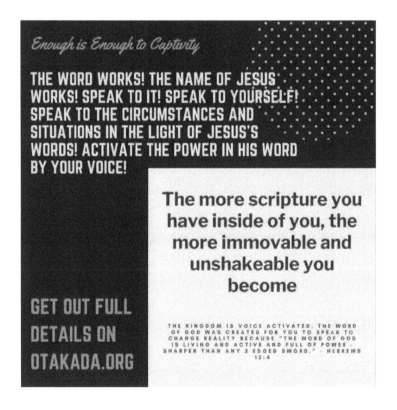

Ayuno y oración por la Iglesia y el Liderazgo día 31 de 40

Salmo 82:1-7
La traducción de la pasión
82 ¡Todos de pie! Porque Dios ahora viene a juzgar
al convocar la sala del tribunal del cielo.[a]
   Él juzga a todos los jueces y gobierna en medio de los dioses, diciendo:
2 "¿Hasta cuándo los jueces se negarán a escuchar la voz de la verdadera justicia y continuarán corrompiendo lo que es correcto al juzgar a favor del mal?"
Haz una pausa en su presencia
3 "Defiende a los indefensos, los huérfanos y los olvidados, los privados de sus derechos y los indigentes. 4 Tu deber es liberar a los pobres y los desamparados; líbralos de las garras de los malvados.5 ¡Pero tú continúas en tu oscuridad e ignorancia mientras los cimientos de la sociedad se estremecen hasta la médula!
6 ¿No los puse como jueces, diciendo: 'Todos ustedes son como dioses, ya que juzgan en mi nombre?
_ *Todos sois como hijos del Altísimo, mis representantes.'*

‾
7 ¡Sin embargo, en la muerte no sois más que meros hombres!
Serás enterrado como cualquier príncipe y morirás".

Oración: Oh Dios, que todos nos levantemos como jueces y dioses y sacerdotes y reyes que Tú nos has hecho ser a través de la obra consumada en la cruz y la comisión que nos concediste a través de Tu Hijo en Marcos 16:14-20. Que nos levantaremos en el poder y la fuerza del todopoderoso que reside en nosotros, en el nombre de Jesús y ejerceremos autoridad y poder y * **liberaremos a los cautivos que están oprimidos por el maligno, que defenderemos a los indefensos, a los huérfanos y los olvidados, los**

marginados y los indigentes. * Haz que esto sea evidente en todos Tus hijos, **con efecto inmediato.** No nos des paz hasta que hagamos lo necesario como tus embajadores aquí en la tierra en el nombre de Jesús, amén.

Queridos amigos, les doy la bienvenida a la parte 13 de Ya basta el cautiverio mientras les damos la bienvenida a la libertad en Cristo a través de la activación de la palabra de Dios en su vida, las circunstancias y las situaciones.

¡Hebreos 4:12 nos hace entender acerca de las palabras de Dios! Dice: * **"Porque la palabra de Dios es viva y eficaz, y más cortante que toda espada de dos filos, y penetra hasta la división del alma y el espíritu, de las coyunturas y los tuétanos, y capaz de juzgar los pensamientos y las intenciones".** del corazón"

No debemos **perder el tiempo** con nuestras propias palabras y hablar menos de la palabra de Dios.
A medida que nuestros espíritus se unen con el Espíritu de Dios. Nuestras palabras se convierten en bombas impulsadas por triple láser cuando se pronuncian desde el departamento de nuestro espíritu: bueno, malo o feo.
¡Debemos filtrar, filtrar dos veces y filtrar tres veces nuestras palabras antes de soltarlas en situaciones y circunstancias porque se convertirán en expresión visible en nuestras experiencias!

Activas la palabra de Dios sobre tu vida, circunstancias y situación hablando a las circunstancias y situación. Dile lo que quieres que haga. Deja que capte toda tu atención.
Atributo **A – Disponibilidad, espíritu, alma y cuerpo Y D: Determinación: manténgase determinado** , sin importar cuánto tiempo tome

Así como Jesús le habló a la higuera, quiero que le hables a tu cuerpo, a tu mente, a tu alma y a tu espíritu. Háblale a la enfermedad, al espíritu de las enfermedades y háblale al área que necesita restauración. Dígales que se alineen a la orden de Dios. tienen orejas El viento tiene oídos. La tormenta tiene oídos. Los muertos tienen oídos. Todo lo creado por Dios tiene oídos. Son oídos invisibles y responden a las palabras que provienen sinceramente de nuestro corazón, impulsadas por la fuerza invisible de la seriedad.

Lea esto: la palabra de Dios no se puede quebrantar.
Santiago 5:16 Confesaos vuestros pecados unos a otros y orad unos por otros para que seáis sanados. La oración ferviente de una persona justa tiene un gran poder y produce resultados maravillosos. _

Las palabras que están **conectadas a nuestro espíritu y en línea con las Escrituras no se pueden romper.**
Las palabras que están de acuerdo con las Escrituras no se pueden romper.

¿Cómo sabes que la situación o las circunstancias han cambiado?

No mires hacia afuera. Mira hacia adentro. Habrá un testigo en tu corazón, en lo profundo de tu espíritu, hombre o mujer. Tendrás paz al respecto. Luego comience a estar atento a la manifestación externa. Dios habla a tu espíritu primero. Él da a tu espíritu primero antes de que veas la manifestación en lo físico.

Usted pregunta, "¿Cómo puedo saber la voluntad de Dios sobre cualquier asunto?

Si desea conocer la voluntad de Dios sobre cualquier asunto, consulte las Escrituras. Todo está allí en blanco y negro sobre cuestiones generales.

Tú preguntas, "¿Cómo escuchas a Dios?" Te digo, sumérgete en la escritura. Medita en ello día y noche y hazlo. Repito eso de nuevo. ¡Hazlo!
Para obtener información específica sobre la guía, Él te ministrará con palabras de conocimiento, sabiduría, sueños, voz audible, visiones, etc.

David habló a su alma

David, un hombre conforme al corazón de Dios, estaba deprimido PERO aprendió a hablar de la situación e hizo que se alineara con la **palabra de Dios, el estándar de Dios, la voluntad de Dios.**
Le habló a su alma y le pidió que se alineara con los dioses. Debes hacer lo mismo.

Nuestra mente el bloqueo de lo sobrenatural
Tu mente es firmemente parte de Mr Flesh. Siempre está en oposición (en guerra) con ya las cosas del espíritu. Lea esto Gal 5:17

Porque la carne desea lo que es contrario al Espíritu, y el Espíritu lo que es contrario a la carne. Están en conflicto entre sí, por lo que no debes hacer lo que quieras. _
Nuestra mayor lucha o apiñamiento o bloqueos del flujo divino está en el nivel del alma (mente consciente y subconsciente) donde la duda, los dolores pasados, los fracasos pasados, la ira, los celos y todo lo demás se alojan y eso impide el flujo del poder de Dios a medida que lo hacemos. aprenderá de **los testimonios de Smith Wigglesworth** hoy.

Nuestras mentes necesitan ser renovadas. El alma necesita estar de acuerdo con la palabra de Dios para que ocurra lo milagroso porque lo milagroso está en el ámbito del espíritu. Dudas ocultas, Odio oculto, amargura oculta, ira oculta como para salir en el nombre de Jesucristo, Amén.

Leamos esto de David: cómo lo abordó.

Salmo 42
La traducción de la pasión
Salmos de sufrimiento y redención Un Clamor de Avivamiento *
42 Deseo beber de ti, oh Dios, beber profundamente de las corrientes de placer que fluyen de tu presencia. ¡Mis anhelos me abruman por tener más de ti![c]2 Mi alma tiene sed, jadea y anhela al Dios vivo. Quiero ir y ver el rostro de Dios.3 Día y noche mis lágrimas siguen cayendo y mi corazón sigue clamando por tu ayuda, mientras mis enemigos se burlan de mí una y otra vez, diciendo: "¿Dónde está ese Dios tuyo? ¿Por qué no te ayuda?" 4 Así que hablo sobre mi alma afligida: "Ánimo. ¿Recuerdas cuando solías estar al frente dirigiendo la procesión de alabanza cuando la gran multitud de adoradores se reunía para ir a la presencia del Señor? ¡Gritabas de alegría mientras el sonido de la celebración apasionada llenaba el aire y la multitud gozosa de los amantes celebraba la fiesta del Señor!"5 Entonces, alma mía, ¿por qué te abates? ¿Por qué te hundirías en la desesperación? Solo sigue esperando y esperando en Dios, tu Salvador. ¡Pase lo que pase, todavía cantaré con alabanzas, porque tú eres mi gracia salvadora!6 Aquí estoy deprimido y abatido. Sin embargo, aún te recordaré mientras reflexiono sobre el lugar donde tu gloria fluye desde las poderosas cimas de las montañas, altas y majestuosas, las montañas de tu asombrosa presencia.[d]7 Mi profunda necesidad llama a la profunda

bondad de tu amor. Tu cascada de llanto envió olas de dolor sobre mi alma, llevándome, cayendo sobre mí como una catarata atronadora.8 Durante todo el día, Yahweh ha ordenado que su amor sin fin se derrame sobre mí. A través de la noche canto sus cánticos y mis alabanzas[e] al Dios viviente.9 Diré a Dios: "Tú eres mi monte de fortaleza; como pudiste olvidarme ¿Por qué debo sufrir esta vil opresión de mis enemigos, estos torturadores despiadados que están dispuestos a matarme?

10 Sus palabras hirientes traspasan mi corazón una y otra vez mientras dicen: "¿Dónde está ese Dios tuyo?" 11 Entonces digo a mi alma: "No te desanimes. No se moleste. Porque sé que mi Dios se abrirá paso por mí". Entonces tendré muchas razones para elogiarlo de nuevo. ¡Sí, él es mi gracia salvadora!

Testimonios de Smith Wigglesworth

Déjanos energizarnos hoy con los increíbles testimonios de Smith Wigglesworth para fortalecer tu fe para que puedas abrirte a * la **sanidad divina, la liberación y la restauración** * en el nombre de Jesús, amén.

El poder del nombre de Jesucristo

Lectura bíblica-Hechos 3:1-16
Filipenses 2:9-10
La Pasión Traducción

9 ¡Por esa obediencia, Dios lo exaltó y multiplicó su grandeza! ¡Ahora se le ha dado el más grande de todos los nombres!
10 ¡La autoridad del nombre de Jesús hace que toda rodilla se doble en reverencia! Un día, todo y todos se

someterán a este nombre: en el reino celestial, en el reino terrenal y en el reino demoníaco.[a]

Todas las cosas son posibles a través del nombre de Jesús. Dios lo exaltó hasta lo sumo, y le dio un nombre que es sobre todo nombre, para que en el nombre de Jesús se doble toda rodilla. Hay poder para vencer todo en el mundo a través del nombre de Jesús. Espero una unión maravillosa a través del nombre de Jesús. No hay otro nombre bajo el cielo dado a los hombres, en que podamos ser salvos.

Quiero inculcarles un sentido del poder, la virtud y la gloria de ese nombre. Seis personas entraron en la casa de un hombre enfermo para orar por él. Era un vicario episcopal y yacía en su cama completamente indefenso, sin siquiera fuerzas para ayudarse a sí mismo. Había leído un pequeño tratado sobre sanidad y había oído hablar de personas que oraban por los enfermos, y envió a buscar a estos amigos, quienes, pensó, podrían hacer la oración de fe. Fue ungido de acuerdo con Santiago 5:14, pero, debido a que no tuvo una manifestación inmediata de sanidad, lloró amargamente. Las seis personas salieron de la habitación, algo cabizbajos al ver al hombre tendido allí en una condición sin cambios.

Cuando estaban afuera, uno de los seis dijo: "Hay una cosa que podríamos haber hecho. Desearía que todos ustedes regresaran conmigo y lo intentaran". Regresaron y todos se juntaron en un grupo. Este hermano dijo: "Vamos a susurrar el nombre de Jesús". Al principio, cuando susurraron este digno nombre, no pareció pasar nada. Pero mientras continuaban susurrando, "¡Jesús! ¡Jesús! ¡Jesús!" el poder comenzó a caer. Al ver que Dios comenzaba a obrar, su fe y gozo aumentaron; y susurraban el nombre cada vez más fuerte. Mientras lo hacían, el hombre se levantó de su cama y se vistió. El secreto era simplemente así, esas seis personas habían quitado sus ojos del hombre enfermo, y simplemente fueron arrebatados con el mismo Señor Jesús, y su fe captó el poder que hay en Su nombre. Oh, si la gente tan solo apreciara el poder que hay en este nombre, no se sabe lo que sucedería.

Sé que por Su nombre y por el poder de Su nombre tenemos acceso a Dios. El mismo rostro de Jesús llena todo el lugar de gloria. En todo el mundo hay gente magnificando ese nombre. y ¡Oh, qué gozo es para mí pronunciarlo!

Un día subí a la montaña a orar. Tuve un día maravilloso. Era una de las altas montañas de Gales. Escuché de un hombre que subió a esta montaña para orar, y el Espíritu del Señor lo recibió tan maravillosamente que su rostro brilló como el de un ángel cuando regresó. Todo el mundo en el pueblo estaba hablando de eso. Mientras subía a esta montaña y pasaba el día en la presencia del Señor, Su maravilloso poder parecía envolverme, saturarme y llenarme.

Dos años antes de esta época habían llegado a nuestra casa dos muchachos de Gales. Eran muchachos comunes y corrientes, pero se volvieron muy celosos de Dios. Vinieron a nuestra misión y vieron algunas de las obras de Dios. Me dijeron: "No nos sorprendería que el Señor te trajera a Gales para resucitar a nuestro Lázaro". Explicaron que el líder de su asamblea era un hombre que había pasado sus días trabajando en una mina de estaño y sus noches predicando, y el resultado fue que se derrumbó, entró en tisis y durante cuatro años había sido un inválido indefenso, tener que ser alimentado con una cuchara.

Mientras estaba en la cima de la montaña recordé la escena de la transfiguración y sentí que el único propósito del Señor al llevarnos a la gloria era prepararnos para una mayor utilidad en el valle.

Lenguas e Interpretación; "El Dios viviente nos ha escogido para Su herencia divina, y Él es quien nos está preparando para nuestro ministerio, para que sea de Dios y no de hombre."

Mientras estaba en la cima de la montaña ese día, el Señor me dijo: "Quiero que vayas y resucites a Lázaro". Se lo conté al hermano que me acompañaba y cuando bajamos al valle le escribí una postal: "Hoy, cuando estaba en el monte orando, Dios me dijo que fuera a resucitar a Lázaro". Dirigí la postal al hombre del lugar cuyo nombre me habían dado los dos muchachos. Cuando llegamos al lugar nos dirigimos al hombre a quien le había dirigido la tarjeta. Me miró y dijo: "¿Tú enviaste esto?" Dije si." Él dijo: "¿Crees que creemos en esto? Aquí tomaló." Y me lo tiró.

El hombre llamó a un sirviente y le dijo: "Toma a este hombre y muéstrale a Lázaro". Luego me dijo: "En el momento en que lo veas, estarás listo para irte a casa. Nada te detendrá. Todo lo que dijo era cierto desde el punto de vista natural. El hombre estaba indefenso. No era más que una masa de huesos con piel estirada sobre ellos. No se veía vida. Todo en él hablaba de decadencia.

Le dije: "¿Gritarás? Recuerdas que en Jericó la gente gritaba mientras los muros aún estaban en pie. Dios tiene una victoria similar para ti si solo crees". Pero no pude hacer que creyera. Allí no había ni un átomo de fe. Había decidido no tener nada.

Es una bendición saber que la palabra de Dios nunca puede fallar. Nunca escuches los planes humanos. Dios puede obrar poderosamente cuando persistes en creerle a pesar de los desalientos desde el punto de vista humano. Cuando volví con el hombre a quien le había enviado la postal, me preguntó: "¿Estás listo para irte ahora?"

No me conmueve lo que veo. Sólo me mueve lo que creo. Yo sé esto: ningún hombre mira las apariencias si cree.

Ningún hombre considera cómo se siente si cree. El hombre que cree en Dios lo tiene. Todo hombre que llega a la condición pentecostal puede reírse de todas las cosas y creer en Dios. Hay algo en la obra pentecostal que es diferente a todo lo demás en el mundo. De alguna manera, en Pentecostés, sabes que Dios es una realidad. Dondequiera que el Espíritu Santo tenga derecho de paso, los dones del Espíritu se manifestarán; y donde estos dones nunca se manifiestan, me pregunto si Él está presente. Las personas pentecostales están mimadas por cualquier otra cosa que no sean reuniones pentecostales. No queremos ninguno de los entretenimientos que ofrecen las iglesias. Cuando Dios entra, Él mismo nos entretiene. ¡Agasajado por el Rey de reyes y Señor de señores! Oh, es maravilloso.

Había condiciones difíciles en ese pueblo galés, y parecía imposible hacer creer a la gente. "¿Listo para ir a casa?" Me preguntaron. Pero un hombre y una mujer nos pidieron que fuéramos y nos quedáramos con ellos. Dije: "Quiero saber cuántos de ustedes pueden orar". Nadie quería orar. Pregunté si podía conseguir que siete personas oraran conmigo por la liberación del pobre hombre. A las dos personas que nos iban a agasajar les dije: "Voy a contar con ustedes dos, y estamos mi amigo y yo, y necesitamos otros tres". Le dije a la gente que confiaba en que algunos de ellos despertarían a su privilegio y vendrían por la mañana y se unirían a nosotros en oración por la resurrección de Lázaro. Nunca servirá dar paso a las opiniones humanas. Si Dios dice algo, debes creerlo.

Le dije a la gente que no comería nada esa noche. Cuando llegué a la cama parecía como si el diablo quisiera poner sobre mí todo lo que le había puesto a ese pobre hombre en la cama. Cuando desperté tenía tos y toda la debilidad de un tuberculoso. Rodé de la cama al suelo y clamé a Dios que me librara del poder del diablo. Grité lo suficientemente fuerte como para despertar a todos en la casa, pero nadie se molestó. Dios me dio la victoria y volví a la cama tan libre como siempre en mi vida. A las 5 en punto el Señor me despertó y me dijo: "No partas el pan hasta que lo partas alrededor de Mi mesa". A las 6 en punto me dio estas palabras: "Y yo lo resucitaré". Puse mi codo en el tipo que estaba durmiendo conmigo. Él dijo: "¡Uf!" Puse mi codo en él de nuevo y dije: "¿Oyes? El Señor dice que Él lo resucitará".

A las 8 me dijeron: "Toma un refrigerio". Pero he encontrado que la oración y el ayuno son el mayor gozo, y ustedes siempre lo encontrarán cuando sean guiados por Dios. Cuando fuimos a la casa donde vivía Lázaro éramos ocho en total. Nadie puede probarme que Dios no siempre contesta la oración. Siempre hace más que eso. Él siempre da lo mucho más abundante de lo que pedimos o entendemos.

Nunca olvidaré cómo el poder de Dios cayó sobre nosotros cuando entramos en la habitación de ese hombre enfermo. ¡Oh, fue encantador! Mientras dábamos vueltas alrededor de la cama, hice que un hermano sostuviera una de las manos del enfermo y yo sostuve la otra; y cada uno de nosotros tomó la mano de la persona a nuestro lado. Dije: "No vamos a orar, solo vamos a usar el nombre de Jesús". Todos nos arrodillamos y susurramos esa única palabra: "¡Jesús! ¡Jesús! ¡Jesús!" El poder de Dios cayó y luego se levantó. Cinco veces cayó el poder de Dios y luego permaneció. Pero la persona que estaba en la cama no se inmutó. Dos años antes alguien había venido y había tratado de levantarlo, y el diablo había usado su falta de éxito como medio para desanimar a Lázaro. Dije: "No me importa lo que diga el diablo; si Dios dice que te resucitará, debe ser así. Olvida todo lo demás excepto lo que Dios dice acerca de Jesús."

La sexta vez cayó el poder y los labios del enfermo comenzaron a moverse y las lágrimas comenzaron a caer. Le dije: "El poder de Dios está aquí; es tuyo aceptarlo." Él dijo: "He estado amargado en mi corazón, y sé que he ofendido al Espíritu de Dios. Aquí estoy indefenso. No puedo levantar mis manos, ni siquiera llevarme una cuchara a la boca". Dije: "Arrepentíos, y Dios os escuchará". Se arrepintió y exclamó: "Oh Dios, que esto sea para tu gloria". Mientras decía esto, la virtud del Señor lo atravesó.

Le he pedido al Señor que nunca me permita contar esta historia excepto como fue, porque me doy cuenta de que Dios no puede bendecir las exageraciones. Como dijimos nuevamente, * "¡Jesús! ¡Jesús! ¡Jesús!" * la cama tembló, y el hombre tembló. Les dije a las personas que estaban conmigo: "Todos pueden bajar las escaleras de inmediato. Todo esto es Dios. No voy a ayudarlo". Me senté y observé a ese hombre levantarse y vestirse. Cantamos la doxología mientras bajaba los escalones. Le dije: "Ahora cuenta lo que ha pasado".

Pronto se corrió el rumor de que Lázaro había sido levantado y la gente vino de Llanelly y de todo el distrito alrededor para verlo y escuchar su testimonio. Y Dios trajo la salvación a muchos. Este hombre contó al aire libre lo que Dios había hecho, y como resultado muchos fueron convencidos y convertidos. Todo esto vino a través del nombre de Jesús, a través de la fe en Su nombre, sí, la fe que es por Él le dio a este hombre enfermo perfecta sanidad en la presencia de todos ellos.

Peter y John estaban indefensos, eran analfabetos, no tenían educación universitaria. habían estado con Jesús. A ellos les había venido una maravillosa revelación del poder del nombre de Jesús. Habían repartido el pan y el pescado después de que Jesús los había multiplicado. Se habían sentado a la mesa con Él y Juan a menudo lo había mirado a la cara. Pedro tuvo que ser reprendido a menudo, pero Jesús manifestó Su amor a Pedro a través de todo. Sí, Él amaba a Pedro, el descarriado. ¡Oh, Él es un amante maravilloso! He sido descarriado, he sido terco, tuve un temperamento incontrolable en un momento, pero ¡cuán paciente ha sido Él! Estoy aquí para decirles que hay poder en Jesús y en Su maravilloso nombre para transformar a cualquiera, para sanar a cualquiera.

Si lo ven como el Cordero de Dios, como el Hijo amado de Dios que cargó en Él la iniquidad de todos nosotros, si tan solo vieran que Jesús pagó el precio total de nuestra redención para que pudiéramos ser libres, pueden entrar en su compra. herencia de salvación, de vida y de poder. ¡Pobre Pedro y pobre Juan! ¡No tenían dinero! Pero tenían fe, tenían el poder del Espíritu Santo, tenían a Dios. Puedes tener a Dios aunque no tengas nada más. Aunque hayas perdido tu carácter, puedes tener a Dios. He visto a los peores hombres salvados por el poder de Dios.

Un día estaba predicando sobre el nombre de Jesús y había un hombre apoyado en un poste de luz, escuchando. Hizo falta un poste de luz para que pudiera mantenerse en pie. Habíamos terminado nuestra reunión al aire libre y el hombre seguía apoyado contra el poste. Le pregunté: "¿Estás enfermo?" Me mostró su mano y vi debajo de su abrigo, tenía una daga con mango de plata. Me dijo que iba camino a matar a su esposa infiel, pero que me había escuchado hablar sobre el poder del nombre de Jesús y no podía escapar. Dijo que se sentía impotente. Le dije: "Bájate". Y allí en la plaza, con la gente pasando de un lado a otro, se salvó.

Lo llevé a mi casa y le puse un traje nuevo. Vi que había algo en ese hombre que Dios podía usar. Me dijo a la mañana siguiente: "Dios me ha revelado a Jesús; Veo que todo ha sido puesto sobre Jesús." Le presté algo de dinero y pronto consiguió una maravillosa casita. Su esposa infiel vivía con otro hombre, pero él la invitó a regresar a la casa que había preparado para ella. Ella vino: y donde antes había enemistad y odio, toda la situación fue transformada por el amor. Dios hizo de ese hombre un ministro dondequiera que fuera. Hay poder en el nombre de Jesús en todas partes. Dios puede salvar hasta lo sumo.

Viene ante mí una reunión que tuvimos en Estocolmo que siempre recordaré. Allí había un hogar para incurables y uno de los internos fue llevado a la reunión. Tenía parálisis y temblaba por todas partes. Se puso de pie ante 3.000 personas y llegó a la plataforma, apoyado por otros dos. El poder de Dios cayó sobre él cuando lo ungí en el nombre de Jesús. En el momento en que lo toqué, dejó caer su muleta y comenzó a caminar en el nombre de Jesús. Bajó los escalones y rodeó ese gran edificio a la vista de toda la gente. No hay nada que nuestro Dios no pueda hacer. Él hará todo si te atreves a creer.
Alguien me dijo: "¿Irás a este Hogar para Incurables?". Me llevaron allí en mi día de descanso. Sacaron a los enfermos a un gran corredor y en una hora el Señor liberó a unos veinte de ellos.

El nombre de Jesús es tan maravilloso. Pedro y Juan no tenían idea de todo lo que había en ese nombre; tampoco el varón, cojo desde el vientre de su madre, que era puesto cada día a la puerta; pero tuvieron fe para decir: "En el nombre de Jesucristo de Nazaret, levántate y anda". Y como Pedro lo tomó de la mano derecha y lo levantó, inmediatamente sus pies y tobillos recobraron fuerza, y entró con ellos en el templo, caminando y saltando y alabando a Dios. Dios quiere que veas que se hacen más de este tipo de cosas. ¿Cómo puede hacerse esto? Por su nombre, por la fe en su nombre, por la fe que es por él.

AVIVAMIENTOS EN ESCANDINAVIA

El escritor tuvo el privilegio durante tres meses un año de estar en el centro de las reuniones del Sr. Smith Wigglesworth tanto en Suecia como en Dinamarca. Era un tiempo de visitación de lo alto. Me atrevo a decir que cientos de personas recibieron a Jesús como su Salvador, miles fueron sanados de todo tipo de enfermedades, también miles de creyentes despertaron a una nueva vida, y muchos, muchos recibieron el Bautismo del Espíritu Santo como en el día de Pentecostés. . Por todos así damos gloria a Jesús. Aquí hay algunos ejemplos de milagros que mis ojos han visto.

Fue en Orebro (Suecia) donde en ese momento se llevó a cabo una Convención Pentecostal. Yo mismo vine a buscar ayuda, agotado por un servicio prolongado e ininterrumpido en la obra del Señor. Al día siguiente hubo una reunión de sanación. Después del servicio de predicación me adelanté al otro salón y me sorprendió encontrar en unos minutos una multitud siguiéndome. El salón pronto se llenó con cientos de hombres y mujeres que esperaban pacientemente un toque de Dios a través de Su siervo y, gloria a Dios, no nos decepcionó. Cuando me impusieron las manos, el poder de Dios me atravesó de una manera poderosa. Inmediatamente estuve bien.

Fue maravilloso notar, a medida que el ministerio continuaba, el efecto sobre la gente a medida que el poder del Señor descendía sobre ellos. Algunos levantaron sus manos, gritando, "¡Estoy curado! ¡Estoy curado!" Algunos cayeron sobre la plataforma bajo el poder del Espíritu, debiendo ser ayudados a bajar. Otros se alejaron como en un sueño; otros como ebrios de vino nuevo, perdidos para todo menos para Dios; pero todos tenían rostros como transfigurados con la gloria del Señor y magnificando a Jesús. Una joven ciega, mientras la ministraban, gritó: "¡Oh, cuántas ventanas hay en este salón!" Durante las tres semanas que duró la reunión, la gran capilla se llenó diariamente, multitudes fueron sanadas y muchos salvados. Las reuniones de testimonio fueron maravillosas. Uno dijo: "Estaba sordo, oraron y Jesús me sanó". Otro, "tuve tisis, y estoy libre". Etcétera.

En Skofde, en el salón más pequeño, reservado para aquellos que buscaban el Bautismo del Espíritu Santo, nunca olvidaré la vista, cómo esperaba la gente con los ojos cerrados y el corazón elevado a Dios. ¿Cayó el Espíritu Santo sobre ellos? Por supuesto que lo hizo. Aquí también muchos fueron sanados. En otro lugar había un joven cuyo cuerpo estaba dañado por el pecado, pero el Señor es misericordioso con los pecadores. Fue ungido, y cuando le impusieron las manos, el poder de Dios se extendió poderosamente sobre él. Él dijo: "Estoy sano", pero quebrantado, lloró como un niño pequeño, confesando su pecado; en el mismo momento el Señor lo salvó. ¡Gloria a Dios! Entró en el salón grande y testificó de salvación y sanidad.

En Estocolmo, largas colas esperaron durante horas para entrar. El salón tenía capacidad para 1.800 personas. En casi todas las reuniones, las multitudes no pudieron ingresar al edificio, pero esperaron, a menudo horas y horas, la oportunidad, si alguien salía del edificio, de ingresar al lugar. Aquí, un hombre con dos muletas, con todo el cuerpo temblando de parálisis, es subido a la plataforma. (Detrás de él, quinientos o seiscientos más esperan ayuda.) Este hombre es ungido y se le imponen las manos en el Nombre de Jesús. Todavía está temblando. Luego deja caer una muleta y, al poco tiempo, la otra. Su cuerpo aún tiembla, pero da el primer paso EN FE. ¿Lo será? Levanta un pie y luego el otro, camina alrededor de la plataforma. Los espectadores se regocijan con él. Ahora camina por el auditorio. ¡Aleluya!

Durante esta reunión una mujer comenzó a gritar y gritar. El predicador le dijo que se callara, pero en lugar de eso, ella saltó sobre una silla, agitó los brazos y gritó: "¡Estoy sana! ¡Estoy curado! Tenía cáncer en la boca y no era salvo; pero durante la reunión, mientras escuchaba la Palabra de Dios, el Señor me ha salvado y me ha sanado de un cáncer en la boca". Vuelve a gritar: "¡Soy salva! ¡Estoy salvada! ¡Estoy curado de un cáncer!" Ella estaba bastante fuera de sí. La gente reía y lloraba junta.

Aquí estaba otra mujer que no podía caminar, sentada en una silla mientras la atendía. Su experiencia fue la misma que la de cientos de personas. Se levantó, mirando a su alrededor, preguntándose si después de todo era un sueño. De repente se rió y dijo: "Mi pierna está curada". Después dijo: "No soy salva", y ríos de lágrimas corrían por su rostro. Oraron por ella, y luego salió de la reunión sana y salva y llena de alegría. Tenemos un Salvador maravilloso; ¡Gloria a Su Santo Nombre!

De muchos muchos milagros en Noruega, cito dos tomados del artículo del Pastor Barratt, "Korsets Seir" (la Victoria de la Cruz). Un hombre y su hijo llegaron en un taxi a la reunión. Ambos tenían muletas. El padre llevaba dos años en cama y no podía apoyar la pierna en el suelo. Él fue ministrado. Dejó caer ambas muletas, caminando y alabando a Dios. Cuando el hijo vio esto, gritó: "Ayúdame también", y después de un rato, el padre y el hijo, sin muletas y sin taxi, se alejaron juntos del salón. Esa palabra se manifiesta de nuevo; el mismo Jesús, el Jesús obrador de maravillas es el mismo hoy.

¡Ahora Copenhague, mi patria! Durante tres semanas miles asistieron diariamente a las reuniones. Cada mañana se ministraba a doscientos o trescientos para sanidad. Cada tarde se rodeaba la plataforma. Una y otra vez, a medida que cada multitud se retiraba, otra compañía se adelantaba en busca de salvación. Aquí muchos fueron bautizados en el Espíritu Santo. Las reuniones de testimonio fueron maravillosas.

Ahora cerraré con una visión que tuvo un hermano que asistió a estas reuniones. Estaba perdido en intercesión por los cientos de enfermos que esperaban ser atendidos para ser sanados. Vio una abertura desde la plataforma, donde estaban los enfermos, directamente hacia la gloria. Vio seres maravillosos en forma de hombres descansando que, con interés, miraban. Volvió a mirar a la plataforma y vio a un Ser celestial vestido de blanco, que todo el tiempo estaba más activo que cualquier otro en ayudar a los enfermos, y cuando ÉL los tocaba el efecto era maravilloso. Las formas dobladas se enderezaron, sus ojos brillaron, comenzaron a glorificar y alabar al Señor. Una Voz dijo: "Las curaciones son el más pequeño de los dones; no es más que una gota en el mar en vista de lo que Dios tiene reservado para sus hijos. Mayores obras haréis que estas." Anna Lewini en "Confidence".

Oración breve por la autoliberación.

"Señor Jesucristo, creo que moriste en la cruz por mis pecados y resucitaste de entre los muertos. Tú me redimiste con Tu sangre y yo te pertenezco, y quiero vivir para Ti. Confieso todos mis pecados, conocidos y desconocidos, lo siento por todos. Renuncio a todos ellos. Perdono a todos los demás como quiero que Tú me perdones. Perdóname ahora y límpiame con tu sangre. Te agradezco por la sangre de Jesucristo que me limpia ahora de todo pecado. Y vengo a Ti ahora como mi libertador. Tú conoces mis necesidades especiales: la cosa que ata, que atormenta, que contamina; ese espíritu maligno, ese espíritu inmundo, reclamo la promesa de Tu palabra: "Todo aquel que invocare el nombre del Señor, será librado". Te invoco ahora. En el nombre del Señor Jesucristo, líbrame y líbrame. Satanás, renuncio a ti y a todas tus obras. Me suelto de ti, en el nombre de Jesús, y te ordeno que me dejes ahora mismo en el nombre de Jesús. ¡Amén!"

¡Que salga de tu corazón y veas la salvación del Señor!

¿Está usted enfermo o necesita liberación y restauración?

¿Para aquellos que están enfermos o enfermos en cualquier forma o forma, o que necesitan liberación? O restauración, toque amablemente el punto a continuación con fe (fe es ver el resultado positivo preciso de su situación actual, sabiendo que Jesús ha hecho su parte hace más de 2000 años para asegurar su sanidad y liberación, la restauración como pago inicial, confiando en que ese pago inicial está disponible para que usted pueda sacarlo, como un saldo positivo en su cuenta corriente con el banco, sin preguntas, ya que estamos de acuerdo con usted y pronunciamos SEAN SANADOS en el nombre de Jesucristo. Amén)

Por la autoridad que me has otorgado a mí y a ellos, ejerzo esa autoridad ahora en fe con su ira contra el enemigo y el hambre de obtener lo que les has dado gratuitamente a todos, maldigo toda enfermedad, toda enfermedad, ya sea cáncer. , COVID 19, ya sea espíritu de enfermedades, ya sea posesión demoníaca u opresión, ya sea espíritu de pobreza, retrocesos, retraso en el cumplimiento de lo que Dios ya ha determinado y liberado. Venimos contra la anomalía, los ato, los maldecimos hasta la raíz y los expulsamos con autoridad en el nombre de Jesucristo. Amén. Llamamos a una liberación de sanidad, liberación y restauración en sus vidas en el poderoso nombre de Jesucristo. Gracias Señor por los testimonios que permanecen para tu gloria y honor y adoración. Gracias por las almas que se están agregando a Tu reino como resultado de este mensaje, los milagros que ya estamos viendo ahora mismo y manifestándonos para tu gloria en el nombre de Jesús, Amén. ¡Se hace! ¡Alegrarse!

Toca este lugar resaltado como un punto de contacto y confiesa con tu boca: SOY SANADO, SOY LIBERADO y SOY RESTAURADO en mi Espíritu, Alma, Cuerpo y todo lo que me rodea en el nombre de JESUCRISTO, ¡¡¡Amén!!!

Comienza a hacer lo que no podías hacer antes y comienza a confesarte hasta que la sanidad total, la restauración de la liberación se convierta en un fruto en tu vida en el nombre de Jesús, amén. Manténgase hambriento por todo lo de Dios, manténgase enojado y retire todo lo que el enemigo ha retenido en el nombre de Jesús, amén.

Nota: ¡
Dé testimonio de la sanidad para la gloria de Dios y para vergüenza del enemigo! Envíenos un correo electrónico o envíenos un whatsapp si aún necesita que estemos de acuerdo con usted sobre el tema. Y conéctese en la serie de equipamiento a partir de la próxima semana el jueves. ¡Encuentre detalles en breve en nuestro sitio web!

Shalom!

Mayores hazañas 2 – Capítulo 15

Naciste para esto: curación, liberación y restauración: descubre cómo de los grandes en la parte 14

Parte 14: Suficiente es suficiente para el cautiverio de satanás y bienvenido a la libertad en Cristo Jesús. Cincuenta (50) Escrituras de energía nuclear que los Santos de antaño usaron para VOLTEAR su MUNDO al revés, descargadas en audio en 30 minutos. Echa un vistazo a Otakada. .org para que pueda hacer lo MISMO!

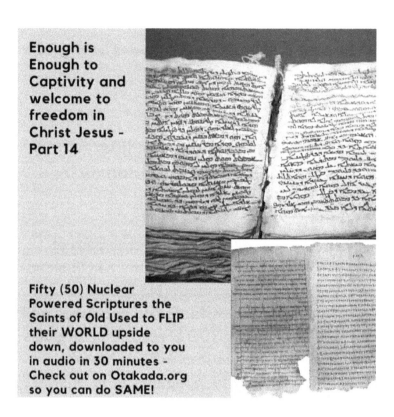

Enough is
Enough to
Captivity and
welcome to
freedom in
Christ Jesus -
Part 14

Fifty (50) Nuclear
Powered Scriptures the
Saints of Old Used to FLIP
their WORLD upside
down, downloaded to you
in audio in 30 minutes -
Check out on Otakada.org
so you can do SAME!

Oración y ayuno por la Iglesia y el liderazgo día 33 de 40

Escritura: **Josué 1:8 Nunca se apartará de tu boca este libro de la ley, sino que de día y de noche meditarás en él, para que cuides de hacer todo lo que en él está escrito. Porque entonces harás prosperar tu camino, y todo te saldrá bien.**

Apocalipsis 12:11 y lo vencieron a causa de la sangre del Cordero, ya causa de la palabra del testimonio de ellos, y no amaron su vida, hasta la muerte;

Oración: _ *Señor, donde encuentres voluntad entre Tus hijos, libera gracia sobre ellos para que puedan permanecer y rebosar en Tu palabra como vida y Tu*

Espíritu brote de ellos para Mayores Hazañas en Tu nombre en el nombre de Jesús, amén _

Amigos, hoy se les presentan cincuenta escrituras que los santos de la Antigüedad hasta los últimos 100 años explotaron extensamente para la obra de ministrar a Cristo a otros con señales y prodigios que lo acompañan. Estas son las pepitas de oro, repetidas una y otra vez para construir su fe para mayores hazañas en el nombre de Jesucristo.

He destilado estos de varios volúmenes de escritura en una grabación de audio de 30 minutos para que medites y los apliques a tu situación y circunstancias específicas a medida que el Espíritu Santo los guía y los sobrecarga para hacer maravillas asombrosas en nuestro mundo en Cristo Jesús. ¡Disfrútalo!

La palabra hace maravillas (WWW)

Solo cree.

Así como creíste para tu salvación y la salvación de los demás por confesión. Es un paquete completo, no te conformes con menos. ¡Ve con el pleno consejo de Dios!

1) **Hebreos 2:14-15**

Biblia Amplificada, Edición Clásica

[14] Por tanto, puesto que [estos Sus] hijos participan de carne y sangre [en la naturaleza física de los seres humanos], [Él mismo] de manera similar participó de la misma [naturaleza], para [pasar por] la muerte. desbaratar *y* dejar sin efecto al que tenía el imperio de la muerte, es decir, al diablo,

[15] Y también para librar *y* poner en libertad por completo a todos los que por el temor [obsesionante] de la muerte estaban sujetos a servidumbre durante toda la vida.

2) **Hechos 10:38**

Biblia Amplificada, Edición Clásica

[38] Cómo Dios ungió *y* consagró a Jesús de Nazaret con el Espíritu [Santo] y con fuerza , habilidad *y* poder; cómo anduvo haciendo el bien y, [a] en particular, curando a todos los que estaban acosados *y* oprimidos por [el poder del] diablo, porque Dios estaba con él.

3) **Lucas 3:16**

Biblia Amplificada, Edición Clásica

[16] Juan les respondió a todos diciendo: Yo os bautizo en agua; pero viene Aquel que es más poderoso que yo, cuyas sandalias no soy capaz de desatar. Él os bautizará en Espíritu Santo y fuego.

4) **Mateo 8:14-17**

Biblia Amplificada, Edición Clásica

[14] Y entrando Jesús en casa de Pedro, vio a su suegra postrada enferma de fiebre.

[15] Él le tocó la mano y la fiebre la dejó; y ella se levantó y comenzó a esperar en Él.

[16] Cuando llegó la noche, le trajeron muchos que estaban [a] bajo el poder de los demonios, y Él expulsó a los espíritus

con una palabra y restauró la salud a todos los que estaban enfermos.

[17] Y así cumplió lo dicho por el profeta Isaías, Él mismo tomó [[b] para llevarse] nuestras debilidades *y* enfermedades y llevó [c] nuestras dolencias.

5) **Hechos 8:8**

Biblia Amplificada, Edición Clásica

[8] Y hubo gran regocijo en aquella ciudad.

6) **Lucas 10:8-9**

Biblia Amplificada, Edición Clásica

[8] Cuando entréis en una ciudad y os reciban *y os* acepten *y* os acojan, comed lo que os pongan delante;

[9] Y curad en él a los enfermos, y decidles: El reino de Dios se ha acercado a vosotros.

7) **Mateo 19:26**

Biblia Amplificada, Edición Clásica

[26] Pero Jesús, mirándolos, dijo: Para los hombres esto es imposible, pero para Dios todo es posible.

8) **Lucas 11:13**

Biblia Amplificada, Edición Clásica

[13] Pues si vosotros, siendo malos, sabéis dar buenas dádivas [dones [a] que les convienen] a vuestros hijos, ¿cuánto más

vuestro Padre celestial dará el Espíritu Santo a los que lo pidan *y* [b] ¡Sigue preguntándole!

9) **Juan 4:13-14**

Biblia Amplificada, Edición Clásica

[13] Jesús le respondió: Todo el que beba de esta agua volverá a tener sed.

[14] Pero el que bebiere del agua que yo le daré, no volverá a tener sed nunca más. Pero el agua que yo le daré se convertirá en un manantial de agua que brotará (fluirá, burbujeará) [continuamente] dentro de él para (hacia, para) la vida eterna.

10) **Juan 4:23-24**

Biblia Amplificada, Edición Clásica

[23] Vendrá un tiempo, sin embargo, ya está aquí, cuando los verdaderos (genuinos) adoradores adorarán al Padre en espíritu y en verdad (realidad); porque el Padre está buscando precisamente a tales personas como sus adoradores.

[24] Dios es Espíritu (un Ser espiritual) y los que lo adoran deben adorarlo *en* espíritu y en verdad (realidad).

11) **Lucas 11:24-26**

Biblia Amplificada, Edición Clásica

[24] Cuando el espíritu inmundo ha salido de una persona, vaga por lugares áridos en busca [de un lugar] de descanso

(liberación, refrigerio, alivio); y al no encontrar ninguno dice: Volveré a mi casa de donde salí.

²⁵ Y cuando llega, encuentra [el lugar] barrido *y* arreglado y amueblado *y* adornado.

²⁶ Y va, y trae otros espíritus, siete [de ellos], más malos que él, y entran, se asientan *y* moran allí; y el último estado de esa persona es peor que el primero.

12) **Lucas 12:4-9**

Biblia Amplificada, Edición Clásica

⁴ Os digo, amigos Míos, que no temáis *ni* tengáis miedo de los que matan el cuerpo y después de eso no tienen nada más que hacer.

⁵ Pero os advertiré a quién debéis temer: temed a Aquel que, después de matar, tiene poder para arrojar al infierno (Gehena); sí, os digo, ¡temedle!

⁶ ¿No se venden cinco pajarillos por dos denarios? Y [sin embargo] ninguno de ellos es olvidado *o* descuidado en la presencia de Dios.

⁷ Pero [hasta] los mismos cabellos de vuestra cabeza están todos contados. No os asustéis *ni* os asustéis; vosotros valéis más que muchas [bandadas] de gorriones.

⁸ Y os digo: Cualquiera que declara abiertamente [hablando libremente] *y* confiesa que es Mi adorador *y* Me reconoce delante de los hombres, el Hijo del Hombre también lo declarará *y* confesará *y* reconocerá delante de los ángeles de Dios.

9 Pero el que repudie *y* niegue *y* rechace *y* se niegue a reconocerme ante los hombres será repudiado *y* negado *y* rechazado *y* rehusado reconocimiento en la presencia de los ángeles de Dios.

13) **Lucas 12:35-37**

Biblia Amplificada, Edición Clásica

35 Mantén tus lomos ceñidos y tus lámparas encendidas,

36 Y sed como hombres que esperan que su amo regrese a casa de las bodas, para que cuando regrese de las bodas y venga y llame, le abran inmediatamente.

37 Bienaventurados (felices, dichosos y [a] dignos de envidia) aquellos siervos a quienes el señor encuentra despiertos *y* alertas *y* velando cuando él llega. ¡De cierto os digo que se ceñirá y hará que se sienten a la mesa y vendrá a servirles!

14) **Filipenses 2:9-10**

Biblia Amplificada, Edición Clásica

9 Por tanto, [debido a que se inclinó tanto] Dios lo exaltó hasta lo sumo y [a] le otorgó gratuitamente el nombre que está sobre todo nombre,

10 Que en (en) el nombre de Jesús toda rodilla [b] se doble (debe) doblar, en el cielo y en la tierra y debajo de la tierra,

15) **Hechos 4:12**

Biblia Amplificada, Edición Clásica

¹² Y no hay salvación en *ni* a través de nadie más, porque no hay otro nombre bajo el cielo dado a los hombres por *y* en el cual debemos ser salvos.

16) **Santiago 5:14-16**

Biblia Amplificada, Edición Clásica

¹⁴ ¿Está alguno enfermo entre vosotros? Debe llamar a los ancianos de la iglesia (los guías espirituales). Y deben orar por él, ungiéndolo con aceite en el nombre del Señor.

¹⁵ Y la oración [es decir] de fe salvará al que está enfermo, y el Señor lo restaurará; y si ha cometido pecados, le serán perdonados.

¹⁶ Por tanto, confesaos unos a otros vuestras faltas (vuestros resbalones, vuestros pasos en falso, vuestras ofensas, vuestros pecados) y orad [también] unos por otros, para que seáis sanados *y* restaurados [a un tono espiritual de mente y corazón]. La oración ferviente (de corazón, continuada) de un hombre justo pone a disposición un tremendo poder [dinámico en su funcionamiento].

17) **Efesios 3:20-21**

Biblia Amplificada, Edición Clásica

²⁰ Ahora a Aquel que, por (como consecuencia de) la [acción de Su] poder que actúa dentro de nosotros, es capaz de [llevar a cabo Su propósito y] hacer sobreabundantemente, mucho más allá de todo lo que [nos atrevemos] *a* pedir o pensar [infinitamente más allá de nuestras oraciones, deseos, pensamientos, esperanzas o sueños más elevados]—

²¹ A él sea la gloria en la iglesia y en Cristo Jesús por todas las generaciones, por los siglos de los siglos. Amén (que así sea).

18) Mateo 5:21-26

Biblia Amplificada, Edición Clásica

21 Habéis oído que se dijo a los hombres de antaño: No matarás, y cualquiera que mate quedará expuesto ᵉ ᶦⁿᶜᵃᵖᵃᶻ de escapar del castigo impuesto por el tribunal.

²² Pero yo os digo que todo el que continúe estando [b] enojado con su hermano o albergando malicia (enemistad de corazón) contra él será [c] responsable e incapaz de escapar del castigo impuesto por el tribunal; y cualquiera que hable con desdén e insulto a su hermano será [d] sujeto e incapaz de escapar del castigo impuesto por el Sanedrín, y cualquiera que diga, ¡Tú [e] maldito tonto! [¡Idiota cabeza hueca!] será [f] susceptible e incapaz de escapar del infierno (Gehena) de fuego.

²³ Por tanto, si cuando ofreces tu ofrenda en el altar, allí te acuerdas de que tu hermano tiene algo contra ti,

²⁴ Deja tu ofrenda en el altar y vete. Primero haz las paces con tu hermano, y luego regresa y presenta tu regalo.

²⁵ Ponte pronto de acuerdo con tu acusador mientras vas con él por el camino, no sea que tu acusador te entregue al juez, y el juez al guardia, y seas puesto en la cárcel.

²⁶ En verdad les digo que no serán liberados hasta que paguen la última fracción de un centavo.

19) Hebreos 7:25

Biblia Amplificada, Edición Clásica

25 Por tanto, puede también salvar perpetuamente (totalmente, perfectamente, finalmente y por todo el tiempo y la eternidad) a los que por él se acercan a Dios, ya que siempre vive para pedir a Dios e interceder ante él e *intervenir* por *él* . a ellos.

20) **Romanos 5:17**

Biblia Amplificada, Edición Clásica

17 Porque si por la transgresión (lapso, ofensa) de uno solo reinó la muerte, mucho más ciertamente reinarán los que reciban la gracia sobreabundante [de Dios] (favor inmerecido) y el don gratuito de la justicia [poniéndolos en una posición justa consigo mismo] reinar como reyes en vida por medio de un Hombre Jesucristo (el Mesías, el Ungido).

21) **1 Juan 4:17**

Biblia Amplificada, Edición Clásica

17 En esto [la unión y la comunión con Él] el amor se completa *y* alcanza la perfección con nosotros, a fin de que tengamos confianza para el día del juicio [con seguridad y audacia para enfrentarlo], porque como Él es, así somos nosotros en este mundo.

22) **Hebreos 13:8**

Biblia Amplificada, Edición Clásica

8 Jesucristo (el Mesías) es [siempre] el mismo, ayer, hoy, [sí] y por los siglos de los siglos.

23) **Marcos 9:23**

Biblia Amplificada, Edición Clásica

23 Y Jesús dijo: [Tú me dices]: ¿Si puedes hacer algo? [¡Por qué] todas las cosas pueden ser (son posibles) para el que cree!

24) **Mateo 7:8**

Biblia Amplificada, Edición Clásica

8 Porque todo el que sigue pidiendo recibe; y el que sigue buscando encuentra; y al que sigue llamando, [la puerta] se le abrirá.

25) **Mateo 8:7**

Biblia Amplificada, Edición Clásica

7 Y Jesús le dijo: Vendré y lo restauraré.

26) **Hechos 19:11-12**

Biblia Amplificada, Edición Clásica

11 Y Dios hizo milagros extraordinarios *y* extraordinarios por mano de Pablo,

12 De modo que los pañuelos *o* toallas o delantales que habían tocado su piel eran llevados *y* puestos sobre los enfermos, y sus enfermedades los dejaban y los malos espíritus salían de ellos.

27) **Marcos 11:24**

Biblia Amplificada, Edición Clásica

24 Por eso os digo que todo lo que pidiereis en oración, creed (confiad y tened confianza) que os será concedido, y [lo obtendréis].

28) **1 Juan 4:4**

Biblia Amplificada, Edición Clásica

4 Hijitos, vosotros sois de Dios [ustedes le pertenecen] y [ya] los habéis derrotado *y* vencido [a los agentes del anticristo], porque el que vive en vosotros es mayor (más poderoso) que el que está en el mundo.

29) **Romanos 8:37**

Biblia Amplificada, Edición Clásica

37 Sin embargo, en medio de todas estas cosas somos más que vencedores [a] *y* alcanzamos una victoria incomparable por medio de Aquel que nos amó.

30) **1 Juan 5:14-15**

Biblia Amplificada, Edición Clásica

14 Y esta es la confianza (la seguridad, el privilegio de la audacia) que tenemos en Él: [estamos seguros] de que si pedimos algo (hacemos cualquier petición) conforme a Su voluntad (de acuerdo con Su propio plan), Él nos escucha *y* nos escucha.

15 Y si (puesto que) sabemos [positivamente] que Él nos escucha en cualquier cosa que le pidamos, también sabemos [con conocimiento establecido y absoluto] que le

hemos [concedido como nuestras posesiones presentes] las peticiones que le hemos hecho.

31) **Romanos 10:17**

Biblia Amplificada, Edición Clásica

[17] Así que la fe viene por el oír [lo que se dice], y lo que se oye viene por la predicación [del mensaje que salió de los labios] de Cristo (el Mesías mismo).

32) **Hebreos 4:12**

Biblia Amplificada, Edición Clásica

[12] Porque la Palabra que Dios habla es viva y llena de poder [haciéndola activa, operativa, energizante y eficaz]; es más cortante que cualquier espada de dos filos, penetrando hasta la línea divisoria del [a] soplo de vida (alma) y el espíritu [inmortal], y de las coyunturas y médula [de las partes más profundas de nuestra naturaleza], exponiendo *y* escudriñando , analizando *y* juzgando los mismos pensamientos y propósitos del corazón.

notas

* La provisión de Dios no se puede agotar

* Necesitamos tener confianza y ser leales a Dios

* Al llevar a cabo sanidad, liberación y restauración, solo hay un lugar para mirar. mira a jesus

* Oración de fe: Oh, amados, que Dios nos ayude a apartar nuestros ojos de las condiciones y síntomas, no importa

cuán malos puedan ser, y a fijarlos en Él. Entonces, podremos rezar la oración de fe.

33) Lucas 4:18-19

Biblia Amplificada, Edición Clásica

[18] El Espíritu del Señor [está] sobre mí, por cuanto me ha ungido [el Ungido, el Mesías] para anunciar el evangelio (el Evangelio) a los pobres; Me ha enviado para anunciar la liberación a los cautivos y la recuperación de la vista a los ciegos, para enviar como libertados a los oprimidos [que están oprimidos, magullados, aplastados y quebrantados por la calamidad],

[19] A proclamar el año agradable *y* agradable del Señor [el día [a] en que abundan la salvación y las mercedes gratuitas de Dios].

34) Hechos 1:8

Biblia Amplificada, Edición Clásica

[8] Pero recibiréis poder (habilidad, eficiencia y fuerza) cuando el Espíritu Santo haya venido sobre vosotros, y seréis mis testigos en Jerusalén y en toda Judea y Samaria y hasta los confines (los mismos confines) de la tierra.

35) Hechos 2:39

Biblia Amplificada, Edición Clásica

[39] Porque la promesa [del Espíritu Santo] es para *vosotros* y para vuestros hijos, y para *todos* los que están lejos, [incluso] para *todos* los que el Señor nuestro Dios invita *y* manda a venir a sí mismo.

36) **Marcos 16:15-18**

Biblia Amplificada, Edición Clásica

[15] Y les dijo: Id por todo el mundo y predicad *y* publicad abiertamente las buenas nuevas (el Evangelio) a toda criatura [de toda [a] raza humana].

[16] El que creyere [quien se adhiere y confía y confía en el Evangelio y en Aquel a Quien lo presenta] y es bautizado, será salvo [[b ⌐de la pena de muerte eterna]; pero el que no creyere [quien no se adhiere y no confía ni depende del Evangelio y de Aquel a Quien lo presenta] será condenado.

[17] Y estas señales acompañarán a los que creen: en mi nombre echarán fuera demonios; hablarán en lenguas nuevas;

[18] Recogerán serpientes; y [aun] si bebieren algo mortífero, no les hará daño; sobre los enfermos pondrán sus manos, y sanarán.

37) **Hechos 26:16-18**

Biblia Amplificada, Edición Clásica

[16] Pero levántate y ponte de pie; porque me he aparecido a ti con este propósito, para nombrarte para que sirvas como [mi] ministro y para que des testimonio tanto de lo que has visto de mí como de aquello en lo que me apareceré a ti,

[17] [a] Escogiéndoos [seleccionándoos para Mí mismo] *y* [b] librarte de este pueblo [judío] y de los gentiles a quienes te envío,

¹⁸ Para abrirles los ojos para que se conviertan de las tinieblas a la luz y del poder de Satanás a Dios, para que así puedan recibir el perdón *y* la liberación de sus pecados y un lugar *y* una porción entre los que son consagrados *y* purificados por la fe en Mí. .

38) **Salmo 107:20**

Biblia Amplificada, Edición Clásica

²⁰ Él envía su palabra y los sana y los rescata del hoyo *y* la destrucción.

EL ANTÍDOTO PARA LA INCREDULIDAD

El diablo sabe que si puede capturar tu vida mental, ha obtenido una poderosa victoria sobre ti. Su gran negocio es inyectar pensamientos, pero si eres puro y santo, instantáneamente te alejarás de ellos. Dios quiere que dejemos que la mente que estaba en Cristo, esa mente pura, santa y humilde de Cristo esté en nosotros (Filipenses 2:5)

La sangre de Jesús y Su nombre poderoso son un antídoto para todas las semillas de incredulidad que Satanás sembraría en tu mente.

39) **2 Corintios 10:4-6**

Biblia Amplificada, Edición Clásica

⁴ Porque las armas de nuestra milicia no son físicas [armas de carne y sangre], sino poderosas delante de Dios para la destrucción *y* destrucción de fortalezas,

⁵ [Puesto que] refutamos argumentos *y* teorías *y* razonamientos y toda cosa soberbia *y* altanera que se

levanta contra el [verdadero] conocimiento de Dios; y llevamos cautivo todo pensamiento *y* propósito a la obediencia de Cristo (el Mesías, el Ungido),

⁶ Estando preparados para castigar a todo [insubordinado por su] desobediencia, cuando vuestra propia sumisión *y* obediencia [como iglesia] estén plenamente aseguradas *y* completas.

40) **Apocalipsis 12:10-11**

Biblia Amplificada, Edición Clásica

¹⁰ Entonces oí una voz fuerte (fuerte) en el cielo, que decía: Ahora ha venido: la salvación y el poder y el reino (el dominio, el reinado) de nuestro Dios, y el poder (la soberanía, la autoridad) de Su Cristo (el Mesías); porque el acusador de nuestros hermanos, el que día y noche les acusa delante de nuestro Dios, ha sido echado fuera.

¹¹ Y lo han vencido (conquistado) por medio de la sangre del Cordero y por la expresión de su testimonio, porque no amaron *ni* se aferraron a la vida incluso cuando se enfrentaron a la muerte [rechazando sus vidas hasta que tuvieron que morir por su testimonio].

41) **Hechos 2:21**

Biblia Amplificada, Edición Clásica

²¹ Y acontecerá que todo aquel que invocare el nombre del Señor [[a] invocando, adorando y venerando al Señor— Cristo] será salvo.

42) **Isaías 55:6**

Biblia Amplificada, Edición Clásica

6 Busquen, indaguen *y* exijan al Señor mientras pueda ser hallado [reclamándolo por necesidad y por derecho]; llámalo mientras está cerca.

43) Juan 14:12-14

Biblia Amplificada, Edición Clásica

12 Os aseguro, os digo muy solemnemente, que si alguno cree firmemente en mí, él mismo podrá hacer las cosas que yo hago; y cosas aun mayores que estas hará, porque yo voy al Padre.

13 Y haré [Yo mismo concederé] todo lo que pidáis en Mi Nombre [como [a] presentando todo lo que Yo Soy], para que el Padre sea glorificado *y* exaltado en (a través) del Hijo.

14 [Sí] te concederé [Yo Mismo haré por ti] todo lo que pidas en Mi Nombre [como [b] presentando todo lo que Yo Soy].

44) Romanos 4:16

Biblia Amplificada, Edición Clásica

16 Por lo tanto, [heredar] la promesa es el resultado de la fe *y* depende [totalmente] de la fe, para que pueda ser dada como un acto de gracia (favor inmerecido), para hacerla estable *y* válida *y* garantizada a todos sus descendientes — no sólo a los devotos *y* adherentes de la Ley, sino también a los que comparten la fe de Abraham, quien es [así] el padre de todos nosotros.

NOTAS

* La gracia es la bendición de Dios que desciende sobre ti. Abres la puerta a Dios como un acto de fe, y Dios hace todo lo que quieres.

* El que cree en mí – La esencia de la vida divina está en "Como por la fe"

* Al que cree, le sucederá. Nos volvemos sobrenaturales por el poder de Dios.

* Si crees, el poder del enemigo no puede permanecer, porque la palabra de Dios es contra él

* ¡Jesús nos da su palabra para hacer efectiva la fe!

* Si puedes creer en tu corazón, comienzas a hablar lo que deseas, y todo lo que te atreves a decir se hace.

* Tendrás todo lo que digas después de creer en tu corazón.

* Atrévete a creer, y luego atrévete a hablar porque tendrás todo lo que digas si no dudas

45) **Mateo 18:8-10**

Biblia Amplificada, Edición Clásica

8 Y si tu mano o tu pie te es ocasión de caer *y* pecar, córtalo y échalo de ti; mejor te es (más provechoso y saludable) entrar en la vida manco o cojo que teniendo dos manos o dos pies ser echado en el fuego eterno.

9 Y si tu ojo te hace tropezar *y* pecar, sácalo y échalo de ti; es mejor (más provechoso y saludable) para ti entrar en la

vida con un solo ojo que tener dos ojos y ser arrojado al infierno (Gehena) de fuego.

¹⁰ Mirad que no despreciéis , *ni* sintáis escarnio , *ni* tengáis en poco a uno de estos pequeños, porque os digo que en los cielos sus ángeles están siempre en presencia *y* miran el rostro de Mi Padre que está en los cielos.

NOTA

*¿Recuerdas cómo Dios ha sido misericordioso en el pasado? Dios ha hecho cosas maravillosas por todos nosotros. Si tenemos en cuenta estas cosas, seremos "fuertes en la fe"

46) **Romanos 4:20-25**

Biblia Amplificada, Edición Clásica

²⁰ Ninguna incredulidad *o* desconfianza lo hizo vacilar (dudar) acerca de la promesa de Dios, sino que se fortaleció *y* fue fortalecido por la fe al dar alabanza *y* gloria a Dios,

²¹ Plenamente satisfechos *y* seguros de que Dios era poderoso *y* poderoso para guardar su palabra *y* hacer lo que había prometido.

²² Por eso su fe le fue contada por justicia (justificación ante Dios).

²³ Pero [las palabras] Le fue contado, no fueron escritas sólo por él,

²⁴ Pero [fueron escritos] también por nosotros. [La justicia, la posición aceptable ante Dios] nos será concedida *y*

acreditada también a nosotros que creemos en (confiamos en, nos adherimos y dependemos de) Dios, Quien resucitó a Jesús nuestro Señor de entre los muertos,

25 Quien fue entregado *y* condenado a muerte a causa de nuestras fechorías y resucitado para asegurar nuestra justificación (nuestra [a] absolución), [haciendo nuestra cuenta equilibrada y absolviéndonos de toda culpa delante de Dios].

47) **Juan 6:63**

Biblia Amplificada, Edición Clásica

63 Es el Espíritu Quien da vida [Él es el Dador de Vida]; la carne no produce beneficio alguno [no hay provecho en ello]. Las palabras (verdades) que os he estado hablando son espíritu y vida. **Juan 6:44**

Biblia Amplificada, Edición Clásica

44 Nadie puede venir a Mí a menos que el Padre que Me envió lo atraiga *y* lo atraiga *y* le dé el deseo de venir a Mí, y [entonces] Yo lo resucitaré [de entre los muertos] en el día postrero.

48) **1 Juan 3:8**

Biblia Amplificada, Edición Clásica

8 [Pero] el que comete pecado [quien practica el mal] es del diablo [toma su carácter del maligno], porque el diablo ha pecado (violado la ley divina) desde el principio. La razón por la que el Hijo de Dios se hizo manifiesto (visible) fue para deshacer (destruir, desatar y disolver) las obras que el diablo [ha hecho].

49) **1 Pedro 2:24**

Biblia Amplificada, Edición Clásica

24 Él personalmente llevó nuestros pecados en Su [propio] cuerpo sobre el madero [a] [como sobre un altar y se ofreció a Sí mismo sobre él], para que muramos (dejemos de existir) al pecado y vivamos a la justicia. Por Sus heridas has sido sanado. **Isaías 53:3-5**

Biblia Amplificada, Edición Clásica

3 Despreciado, desechado *y* desamparado de los hombres, varón de dolores *y* dolores, experimentado en quebrantos *y* enfermedades; y como Aquel de quien los hombres esconden sus rostros, fue despreciado, y no apreciamos su valor *ni* le tenemos estima alguna.

4 Ciertamente Él llevó nuestras enfermedades (enfermedades, debilidades y angustias) y cargó con nuestros dolores *y* dolores [de castigo], pero nosotros [ignorantemente] lo consideramos azotado, golpeado y afligido por Dios [como si tuviera lepra].

5 Pero Él fue herido por nuestras transgresiones, molido por nuestras culpas *e* iniquidades; el castigo [necesario para obtener] paz *y* bienestar para nosotros fue sobre Él, y con las llagas [que lo hirieron] a Él fuimos sanados *y* hechos completos.

50) **Mateo 16:15-17**

Biblia Amplificada, Edición Clásica

15 Él les dijo: Pero ¿quién decís [vosotros mismos] que soy yo?

[16] Simón Pedro respondió: Tú eres el Cristo, el Hijo del Dios viviente.

[17] Entonces Jesús le respondió: Bienaventurado (feliz, dichoso y [a] digno de envidia) eres, Simón hijo de Jonás. Porque no os lo ha revelado la carne ni la sangre [los hombres], sino mi Padre que está en los cielos.

NOTAS

*¿Cómo puedes saber esto? Él debe ser revelado a usted. La carne y la sangre no revelan Su identidad. Es una revelación interior. Dios quiere revelar a su Hijo *en nosotros* y hacernos conscientes de una presencia interior.

*Entonces, puedes clamar: "Sé que Él es mío.

*Busca a Dios hasta que obtengas de Él una poderosa revelación del Hijo, hasta que esa revelación interna te lleve al lugar donde siempre estés "firme, inconmovible, creciendo siempre en la obra del Señor" – 1 Corintios **15:58**

Biblia Amplificada, Edición Clásica

[58] Por tanto, mis amados hermanos, estad firmes (fieles), constantes, creciendo siempre en la obra del Señor [siendo siempre superiores, sobresaliendo, haciendo más que suficiente en el servicio del Señor], sabiendo y estando continuamente conscientes de que *vuestro* trabajo en el Señor no es en vano [nunca se desperdicia ni es inútil].

Oración breve por la autoliberación.

"Señor Jesucristo, creo que moriste en la cruz por mis pecados y resucitaste de entre los muertos. Tú me redimiste con Tu sangre y yo te pertenezco, y quiero vivir para Ti. Confieso todos mis pecados, conocidos y desconocidos, lo siento por todos. Renuncio a todos ellos. Perdono a todos los demás como quiero que Tú me perdones. Perdóname ahora y límpiame con tu sangre. Te agradezco por la sangre de Jesucristo que me limpia ahora de todo pecado. Y vengo a Ti ahora como mi libertador. Tú conoces mis necesidades especiales: la cosa que ata, que atormenta, que contamina; ese espíritu maligno, ese espíritu inmundo, reclamo la promesa de Tu palabra: "Todo aquel que invocare el nombre del Señor, será librado". Te invoco ahora. En el nombre del Señor Jesucristo, líbrame y líbrame. Satanás, renuncio a ti y a todas tus obras. Me suelto de ti, en el nombre de Jesús, y te ordeno que me dejes ahora mismo en el nombre de Jesús. ¡Amén!"

¡Que salga de tu corazón y veas la salvación del Señor!

¿Está usted enfermo o necesita liberación y restauración?

¿Para aquellos que están enfermos o enfermos en cualquier forma o forma, o que necesitan liberación? O restauración, toque amablemente el punto a continuación con fe (fe es ver el resultado positivo preciso de su situación actual, sabiendo que Jesús ha hecho su parte hace más de 2000 años para asegurar su sanidad y liberación, la restauración como pago inicial, confiando en que ese pago inicial está disponible para que usted pueda sacarlo, como un saldo positivo en su cuenta corriente con el banco, sin preguntas, ya que estamos de acuerdo con usted y pronunciamos SEAN SANADOS en el nombre de Jesucristo. Amén)

Por la autoridad que me has otorgado a mí y a ellos, ejerzo esa autoridad ahora en fe con su ira contra el enemigo y el hambre de obtener lo que les has dado gratuitamente a todos, maldigo toda enfermedad, toda enfermedad, ya sea cáncer. , COVID 19, ya sea espíritu de enfermedades, ya sea posesión demoníaca u opresión, ya sea espíritu de pobreza, retrocesos, retraso en el cumplimiento de lo que Dios ya ha determinado y liberado. Venimos contra la anomalía, los ato, los maldecimos hasta la raíz y los expulsamos con autoridad en el nombre de Jesucristo. Amén. Llamamos a una liberación de sanidad, liberación y restauración en sus vidas en el poderoso nombre de Jesucristo. Gracias Señor por los testimonios que permanecen para tu gloria y honor y adoración. Gracias por las almas que se están agregando a Tu reino como resultado de este mensaje, los milagros que ya estamos viendo ahora mismo y manifestándonos para tu gloria en el nombre de Jesús, Amén. ¡Se hace! ¡Alegrarse!

Toca este lugar resaltado como un punto de contacto y confiesa con tu boca: SOY SANADO, SOY LIBERADO y SOY RESTAURADO en mi Espíritu, Alma, Cuerpo y todo lo que me rodea en el nombre de JESUCRISTO, ¡¡¡Amén!!!

Comienza a hacer lo que no podías hacer antes y comienza a confesarte hasta que la sanidad total, la restauración de la liberación se convierta en un fruto en tu vida en el nombre de Jesús, amén. Manténgase hambriento por todo lo de Dios, manténgase enojado y retire todo lo que el enemigo ha retenido en el nombre de Jesús, amén.

Nota: ¡
Dé testimonio de la sanidad para la gloria de Dios y para vergüenza del enemigo! Envíenos un correo electrónico o envíenos un whatsapp si aún necesita que estemos de acuerdo con usted sobre el tema. Y conéctese en la serie de equipamiento a partir de la próxima semana el jueves. ¡Encuentre detalles en breve en nuestro sitio web!

Mayores hazañas 2 – Capítulo 16

Naciste para esto: curación, liberación y restauración: descubre cómo de los grandes en la parte 15

Parte 15 Suficiente es Suficiente para el Cautiverio de Satanás y Bienvenido a la Libertad en Cristo Jesús – Aquí Esto: – Dios dice, "No hago nada fuera de mi(s) CONTRATO(s) con USTED y tengo CLÁUSULA(S) DE SALIDA también!" + Cómo DESARROLLAR y APROPIAR el tipo de FE de Dios + Está terminado, no necesitas ORAR al respecto, necesitas ESTAR DE ACUERDO con Su palabra en FE por Kenneth E. Hagin

Oración y Ayuno por la Iglesia y el Liderazgo – Día 35 de 40

Efesios 4:29-32
traducción de la pasión

29Y nunca dejen que salgan de su boca palabras feas u odiosas, sino que sus palabras se conviertan en hermosos dones que animen a otros: háganlo hablando palabras de gracia para ayudarlos. 30 El Espíritu Santo de Dios os ha sellado en Jesucristo hasta que experimentéis vuestra plena salvación. Así que nunca contristéis al Espíritu de

Dios ni deis por sentado Su Santa influencia en vuestra vida. 31 Deja a un lado las palabras amargas, las rabietas, la venganza, las blasfemias y los insultos. 32 Por el contrario, sean amables y afectuosos unos con otros. ¿Te ha perdonado Dios en su gracia? Entonces perdónense bondadosamente unos a otros en la profundidad del amor de Cristo.

Oración: Señor Jesús, donde Tú encuentras disposición en nosotros – Tu cuerpo de creyentes, haz que nuestras PALABRAS y CONDUCTA entre nosotros se conviertan y permanezcan en hermosos dones que los alienta, llenos de gracia, amor y no palabras que contristen a Tu Santo Espíritu en nosotros y en ellos para que Tu amor sea visto y experimentado como frutos que quedan en todos como testimonio de nuestra relación contigo en el nombre de Jesucristo, Amén

Amigos, durante el curso de este ayuno, el Señor siguió trayendo las palabras que me habló anteriormente acerca de estar de acuerdo con Él en cualquier asunto fuera del cual Él no hace nada. Esto me impresionó nuevamente hoy, así que decidí revisar las escrituras desde Génesis hasta Apocalipsis, pidiéndole al Espíritu Santo profundidad y comprensión de las palabras "contratos; acuerdos; pactos; confesiones"

Pude asegurar doce lugares donde el acuerdo fue fundamental para la obra de Dios entre Su pueblo y también están incrustadas en esos contratos o pactos las cláusulas de salida. Esto informa el título del mensaje de hoy. **Aquí esto: – Dios dice: "¡No hago nada fuera de mi(s) CONTRATO(s) contigo y también tengo CLÁUSULA(S) DE SALIDA!" + Cómo DESARROLLAR y APROPIAR el tipo de FE de Dios + Está terminado, no necesitas ORAR al respecto,**

necesitas ESTAR DE ACUERDO con Su palabra en FE por Kenneth E. Hagin

El nuevo lanzamiento de la cláusula adicional de nuestro primer libro sobre suficiente es suficiente para el cautiverio: **"Greater Exploits"** se llama **"Greater Exploits 2"** y saldrá antes de que expire este mes en libros de bolsillo, libros electrónicos y otros formatos, ¡así que espera!

El arco iris que vi hoy!

Cuando bajé de la montaña Sanderson para buscar agua hoy, 20 de abril de 2021, localicé un arcoíris, el primero de este año, como si Dios me estuviera reconfirmando las palabras del pacto. Entré a buscar agua y también mi cámara, cuando regresé, el arcoíris había desaparecido. Me he tomado la libertad de mostrarle la ubicación del arcoíris donde estaba ubicado en esta imagen a continuación, solo para enfatizar, y que cuando Dios le habla a uno, le habla a todos porque son principios divinos que se aplican a todos Sus hijos o creación:

GOD SAYS, "I DO NOTHING OUTSIDE MY CONTRACTUAL OBLIGATIONS WITH YOU" - CHECK OUT DETAILS ON OTAKADA.ORG

¡Vea Génesis 8:20-Génesis 9:1-17 representado hoy con este arcoíris!

Aquí están las ideas que recibí y cómo tú y yo podemos apropiarnos de ellas en nuestra vida, trabajar y caminar con el Señor.

Algunos puntos que obtuve antes de detallar estos hallazgos para nuestro beneficio son estos:

- **La Palabra de Dios es nuestro contrato para hoy** . Esa Palabra es Jesucristo que se hizo carne y todo lo que Jesús dijo y demostró por nosotros fue la Palabra en movimiento para que podamos experimentarlo porque Dios quiere relacionarse con nosotros tal como lo hizo antes de la caída y demostrar Su corazón de amor a Su creación. Génesis 1:26; Juan 1: 1-14; Juan 6:

- **Jesús es esa Palabra con la que entramos en un acuerdo** , al creer en Él a través de la fe en Él y la obra consumada en la Cruz porque rompimos el pacto en el Jardín del Edén con terribles consecuencias: muerte espiritual y separación de Dios. Juan 3:1-21; Génesis 3:1-24; Juan 6:38-51
- **PRINCIPAL Acuerdo con la Palabra, el fundamento para el subacuerdo** : Este acuerdo principal con Jesucristo se convierte en el fundamento sobre el cual otros subacuerdos pueden ser promulgados y consumados por nuestra fe en Cristo y Sus palabras o promesas. Juan 6:35; Mateo 11:28-29; Lucas 4:18-19
- **Dios tiene que ver con la LIBERTAD y no con la ESCLAVITUD** : Entonces, para cada contrato o subcontrato con la PALABRA, hay una cláusula de salida con consecuencias, por supuesto. Tenemos la libertad de decirle a Dios: "¡Quiero salir!". El diablo es el que mantiene a la gente en servidumbre. La cláusula de salida es la desobediencia a los términos del contrato – la PALABRA. Dt 28:1-68 Apocalipsis 2:1-29; 3:1-22; Juan 6:60-71
- **El reino espiritual opera sobre la base del acuerdo** manifestado en la palabra escrita y sellado por la fe o confianza en el Padre y el Espíritu Santo 1 Juan 5:7
- **Todo acuerdo contractual sube y baja con la fe o la confianza en la persona** que hizo ese contrato. En lo físico, así también en lo espiritual.

DETALLE sobre Acuerdo y Fe:

¿Por qué es tan importante la fe en todos y cada uno de nuestros acuerdos contractuales con Dios?
Porque, se nos dice en *Hebreos 11:6 (traducción de la Pasión) Y sin la fe viviendo dentro de nosotros, sería*

imposible agradar a Dios. Porque venimos a Dios en fe sabiendo que Él es real y que recompensa la fe de aquellos que lo buscan apasionadamente.

Abraham, el padre de la fe, nos lo demostró y Dios lo consideró justo.

Génesis 15:6 Y Abram creyó a Jehová, y Jehová lo tuvo por justo a causa de su fe.

La fe es tan importante en el trato del reino de Dios que cualquier cosa que Dios te haya dado a través de tu fe en Él o la fe de otro puede perderse por la duda. No me importa si es sanidad, liberación o restauración. La fe es el canal por donde tiene que fluir todo lo que Dios tiene para ti. Como un túnel. Una vez que esa fe desaparece, el túnel comienza a desvanecerse.

La duda es como el agua que apagó el fuego de la fe y todo lo que vino como resultado de la fe que la facilitó en primer lugar:

Lee esto

Santiago 1:5-8

La traducción de la pasión

⁵ ᶦ Y si alguno anhela ser sabio, pídale a Dios sabiduría y él se la dará! Él no verá tu falta de sabiduría como una oportunidad para regañarte por tus fracasos, sino que superará tus fracasos con su generosa gracia. [un] ⁶ Solo asegúrate de pedir fortalecido por una fe segura sin dudar de que recibirás. Porque la persona ambivalente cree un minuto y duda al siguiente. Estar indeciso te vuelve como los mares embravecidos empujados y sacudidos por el viento. Estás despierto un minuto y tirado al siguiente. ⁷⁻⁸ Cuando no tiene entusiasmo y vacila, eso lo deja inestable. [b] ¿Realmente puedes esperar recibir algo del Señor cuando estás en esa condición?

Y esto

Mateo 14:28-31

La traducción de la pasión

²⁸ Pedro gritó: "¡Señor, si realmente eres tú, entonces haz que me una a ti en el agua!"
²⁹ "Ven y únete a mí", ⁽ᵃ⁾ respondió Jesús.
Así que Pedro salió al agua y comenzó a caminar hacia Jesús. ³⁰ Pero cuando se dio cuenta de la altura de las olas, se asustó y comenzó a hundirse. "¡Sálvame, Señor!" gritó.
³¹ Jesús inmediatamente extendió su mano y lo levantó y le dijo: "¡Qué poca fe tienes! ¿Por qué dejarías que la duda ganara?

La mente de Dios es clara en o en todo Su contrato con Sus hijos que tienes todos los términos del acuerdo. Retienes todos los beneficios que has recibido como resultado de la consumación en la fe. Pero tu vida de pensamiento puede socavarte todo el tiempo.

Entonces, ¿cómo tú y yo vencemos la duda y fortalecemos nuestra fe?

Primero, decimos: "Señor, lamento todas mis dudas con respecto a las promesas en Tu palabra o con respecto a los términos del acuerdo o sub acuerdo contigo, Señor Dios. Perdóname. Me arrepiento por no confiar en Ti por mis pensamientos, emociones y acciones desleales. Recibo tu perdón que ya me diste antes de fallarte. Ahora recibo PODER, AMOR y SANO mente y corazón con respecto a este asunto o este conjunto de asuntos (2 Timoteo 1: 7)
Recibo tu Dios tipo de fe y hablo ante las situaciones y circunstancias que me aquejan. Así como le hablaste a la luz SER en la creación. Hablo de mi situación ahora: digo: "Los ojos ven en el nombre de Jesucristo. Amén. "Enfermedad eres reprendida, ve ahora en el nombre de Jesús, Amén" Esposa ven ahora, Esposo ven ahora, Fondos ven ahora en el nombre de Jesucristo, Amén.

Aliméntate y festeja con la palabra diariamente. Particularmente en el área en la que quieres que Él venga por ti.

En su acuerdo con Dios, haga un voto como estos a continuación para aumentar la fe y poner los asuntos en Sus manos.

Ponte de acuerdo con Dios... Llámalo sub acuerdos como estos:

Señor, recibo mi sanidad ahora. Gracias porque mi salud está restaurada y puedo servirte mejor en esta y esta área. Gracias Señor por este contrato que ahora he recibido. Con estos fondos, ahora puedo apoyar su trabajo en esta y esta área en el nombre de Jesús, amén. Gracias Señor por restaurar a mi Hijo descarriado. Mientras haces esto, lo dedico a tu servicio. Señor, gracias por el esposo o la esposa que has guiado en mi camino en la sociedad marital, Señor, al recibir a este hombre o esta mujer, haré todo lo que esté a mi alcance mientras Tu gracia me sostenga para animarlo a servirte mejor. y cumpla el propósito de su vida en ti que has determinado para él o ella antes de la fundación del mundo, en el nombre de Jesús, amén.

Este tipo de oraciones hace que surja la fe porque son oraciones desinteresadas ya que has puesto a Dios como prioridad en tu petición. Recibirás confianza en Él para que Él pueda hacer Su parte. Vemos este principio con Hannah. Escúchala en

1 Samuel 1:11-13
Versión estándar internacional
11 Ana [a] hizo un voto: "Señor de los Ejércitos Celestiales, si solo miras la miseria de tu sierva, acuérdate de mí, y no te olvides de tu sierva. Si le das un hijo a tu sierva, [b]

entonces lo entregaré al Señor⁰ ᶜ⁰ por todos los días de su vida, ⁰ ᵈ⁰ y una navaja nunca tocará⁰ ᵉ⁰ su cabeza".
¹² Mientras ella continuaba orando en la presencia del Señor, Eli estaba mirando su boca. ¹³ Ana⁰ ᶠ⁰ oraba interiormente. ⁰ ᵍ⁰ Sus labios temblaban y no se oía su voz. Así que Eli pensó que estaba borracha.

Volviendo a la fe, el tipo de fe de Dios, escuchemos un poco más de profundidad de Kenneth Hagin y permanezcamos bendecidos al aplicar los principios a su vida en el nombre de Jesús, Amén.

Dios tipo de fe por Kenneth Hagin

Hay dos cosas a tener en cuenta sobre el tipo de fe en Dios. Primero, un hombre cree con su corazón. Segundo, él cree con sus palabras. No es suficiente creer en tu corazón. Para que Dios obre para ti, también debes creer con tus palabras. Jesús dijo: "Cualquiera que dijere… y no dudare en su corazón, sino creyere que será hecho lo que dice; tendrá todo lo que diga" (Marcos 11:23). Esta es la ley inalterable de la fe.

Y al día siguiente, cuando venían de Betania, tuvo hambre: y viendo de lejos una higuera que tenía hojas, se acercó por si acaso podía encontrar algo en ella; y cuando llegó a ella, no encontró sino hojas; porque aún no era el tiempo de los higos. Respondiendo Jesús, le dijo: Nadie coma fruto de ti en el más allá para siempre. Y lo oyeron sus discípulos.

Y por la mañana, al pasar, vieron que la higuera se había secado desde las raíces. Entonces Pedro, acordándose, le dice: Maestro, he aquí, la higuera que maldijiste se ha secado. Y respondiendo Jesús, les dice: Tened fe en Dios. Porque de cierto os digo, que cualquiera que dijere a este monte: Quítate, y échate en el mar; y no dudare en su corazón, sino que creyere que será hecho lo que dice; tendrá todo lo que diga. Por eso os digo que todas las cosas que pidáis, cuando oréis, creed que las recibiréis, y las tendréis. Marcos 11:12-14, 20-24

Centremos nuestra atención en la declaración: "Tened fe en Dios", o como dice el margen, "Tened la fe de Dios". Los eruditos griegos nos dicen que esto debería traducirse, "Ten la clase de fe de Dios". Jesús demostró que tenía el tipo de fe de Dios. Mientras estaba lejos, vio que la higuera tenía hojas. Pero al acercarse, buscando fruto, vio que estaba estéril. Algunos han cuestionado por qué Jesús buscó higos en este árbol cuando no era tiempo de que estuvieran maduros; no era su temporada. Sin embargo, en ese país los árboles que conservaban sus hojas solían tener también higos.

Al no encontrar fruto en el árbol, Jesús dijo: "Nadie coma fruto de ti en el más allá para siempre".

Al día siguiente, cuando Jesús y sus discípulos volvieron a pasar, encontraron el árbol seco desde las raíces. Asombrado, Pedro dijo: "Maestro, he aquí, la higuera que maldijiste se ha secado".

Fue entonces cuando Jesús hizo la declaración: "Tened fe en Dios (tened la fe de Dios, o la clase de fe de Dios). Porque de cierto os digo, que cualquiera que dijere a este monte: Quítate, y échate en el mar; y no dudare en su corazón, sino que creyere que será hecho lo que dice; tendrá todo lo que diga."

Después de decirles a sus discípulos en el versículo 22 que tuvieran la clase de fe de Dios, Jesús continuó explicando en el versículo 23 lo que esto significaba: La clase de fe de Dios es la clase de fe en la que el hombre cree con el corazón y dice con la boca. lo que cree en su corazón, y sucede.

Jesús mostró que tenía ese tipo de fe, porque creía que lo que decía se cumpliría. Le dijo al árbol: "Nadie coma fruto de ti en lo sucesivo para siempre".

Este es el tipo de fe que habló al mundo a la existencia. "Por la fe entendemos que los mundos fueron hechos por la palabra de Dios, de modo que las cosas que se ven no fueron hechas de las cosas que se ven" (Hebreos 11:3). ¿Cómo lo hizo? Dios creyó que lo que dijo se cumpliría. Él pronunció la palabra y hubo una tierra. Él habló a la existencia del reino vegetal. Él habló a la existencia del reino animal. Él habló a la existencia tanto de los cielos como de la tierra, la luna, el sol, las estrellas y el universo. Lo dijo y así fue. Esa es la clase de fe de Dios. Creyó que lo que dijo se cumpliría y así fue.

La medida de la fe

Jesús demostró el tipo de fe de Dios a sus discípulos, y luego les dijo que ellos también tenían ese tipo de fe: la fe de que un hombre cree con su corazón, dice con su boca lo que cree, y sucede.

Alguien podría decir: "Quiero ese tipo de fe. Voy a orar para que Dios me lo dé". Sin embargo, no necesita orar por él, ya lo tiene. "Porque digo, por la gracia que me ha sido dada, a todo hombre que está entre vosotros, que no se considere a sí mismo más alto de lo que debe pensar; sino a pensar con sobriedad, según la medida de la fe que Dios ha dado a cada uno" (Romanos 12:3). Note que Pablo escribió esto a los creyentes, porque dice: "a todo hombre que está entre vosotros". La epístola de Romanos no fue escrita para los pecadores del mundo; era una carta a los cristianos. Él dirige esta carta "a todos los que están en Roma, amados de Dios, llamados a ser santos…" (Romanos 1:7). Y en él les dice que Dios ha dado a "cada uno la medida de la fe".

Pablo también dijo: "Porque por gracia sois salvos por medio de la fe; y esto no de vosotros, pues es don de Dios" (Efesios 2:8). Pablo está diciendo aquí que esta fe no es de ti mismo. No se refería a la gracia, porque todos saben que la gracia es de Dios. Él está diciendo que la fe por la cual somos salvos no proviene de nosotros mismos. No es una fe natural, humana. Fue dada a los pecadores por Dios. ¿Y cómo le dio Dios al pecador la fe para ser salvo? Romanos 10:17 dice: "Así que la fe es por el oír, y el oír por la palabra de Dios". En estos versículos Pablo ha dicho que la fe

(1) se da, (2) se reparte, y (3) viene.

Romanos 10:8 dice: "Pero ¿qué dice? Cerca de ti está la palabra, en tu boca y en tu corazón: la palabra de fe que predicamos." La Biblia, este mensaje de Dios, se llama la palabra de fe. ¿Por qué se llama la palabra de fe? Porque hace que la fe entre incluso en el corazón de los no salvos. Hace que la clase de fe que dio existencia al universo sea impartida a nuestros corazones. La fe nos es dada a través de la Palabra.

Creer y decir: la clave de la fe

Note nuevamente las palabras de Romanos 10:8, "Pero ¿qué dice? Cerca de ti está la palabra, en tu boca y en tu corazón: la palabra de fe que predicamos." ¿Cómo se compara esto con las palabras de Jesús en Marcos 11:23? Los escritos de Pablo a los romanos concuerdan exactamente con lo que Jesús les dijo a sus discípulos cuando dijo: "Cualquiera que dijere… y no dudare en su corazón, sino creyere… todo lo que dijere, le será hecho". Vemos aquí el principio básico inherente al tipo de fe de Dios: creer con el corazón y decirlo con la boca. Jesús lo creyó y lo dijo. Dios lo creyó y lo dijo, hablando la tierra a existencia.

Los versículos 9 y 10 de este mismo capítulo décimo de Romanos dicen: "Que si confesares con tu boca que Jesús es el Señor, y creyeres en tu corazón que Dios le levantó de los muertos, serás salvo. Porque con el corazón se cree para justicia; y con la boca se confiesa para salvación." El pecador recibe una medida de fe al escuchar la Palabra. Luego lo usa para crear la realidad de la salvación en su propia vida.

Cuando se les pregunta a los cristianos, "¿Cuándo fuiste salvo?" A menudo responden diciendo algo como: "Sobre las nueve de la noche del diez de julio". Sin embargo, están equivocados porque Dios los salvó hace casi dos mil años. Sólo se hizo realidad para ellos cuando lo creyeron y lo confesaron. La salvación es de todos. Cada hombre y mujer en este mundo tiene un derecho legal a la salvación. Jesús murió por todo el mundo, no solo por ti y por mí.

Cuando la verdad es predicada al pecador, hace que venga la fe. Cuando cree y confiesa, crea la realidad de ello en su propia vida por medio de su fe.

Romanos 10:13, 14, 17
13 Porque todo aquel que invocare el nombre del Señor, será salvo.
14 ¿Cómo, pues, invocarán a aquel en quien no han creído? ¿Y cómo creerán en aquel de quien no han oído? ¿Y cómo oirán sin predicador?
17 Así que la fe viene por el oír, y el oír por la palabra de Dios.

Así como la fe proviene de escuchar la Palabra de Dios, también lo hace todo lo que recibimos de Dios. El tipo de fe de Dios viene por escuchar la Palabra de Dios. En otras palabras, Dios hace que la clase de fe de Dios entre en los corazones de los que escuchan. Con razón Jesús dijo: "Mirad, pues, cómo oís" (Lucas 8:18). No puedes dejar que te entre por un oído y te salga por el otro porque eso no servirá de nada. La fe no vendrá. Si actúas como si la Palabra de Dios fuera un cuento de hadas, la fe no llegará. Pero cuando lo aceptas con reverencia y sinceridad, cuando actúas en consecuencia, llega la fe.

Pablo escribió a la iglesia de Corinto: "Tenemos nosotros el mismo espíritu de fe, como está escrito: Creí, por lo cual hablé; nosotros también creemos, por lo cual hablamos" (II Corintios 4:13). Pablo dijo que tenemos el mismo espíritu de fe. Y lo que pertenecía a la iglesia de Corinto pertenece a la iglesia de hoy. En ninguna ocasión Pablo o alguno de los apóstoles escribieron para animar a la gente a creer; nunca les dijeron que tuvieran fe. El hecho de que tengamos que animar a los creyentes a creer o tener fe es el resultado de que la Palabra de Dios haya perdido su realidad para nosotros. ¡Somos creyentes! Cuando nuestros hijos están fuera, no tenemos que escribirles y decirles: "Asegúrense de seguir respirando". Continuarán respirando mientras estén vivos. Tampoco tenemos que animar a los creyentes a creer porque eso es lo que son: creyentes.

¿Cuántos de nosotros nos damos cuenta de que nuestras palabras nos dominan? "Enredado estás en las palabras de tu boca..." (Proverbios 6:2). Otra versión dice: "Eres llevado cautivo con las palabras de tu boca". Un joven me dijo una vez que nunca lo azotaron hasta que confesó que lo habían azotado. Un escritor lo expresó de esta manera: "Dijiste que no podías, y en el momento en que lo dijiste, fuiste azotado". Dijiste que no tenías fe y la duda se levantó como un gigante y te ató. Estás aprisionado con tus propias palabras. Hablas de fracaso y el fracaso te mantiene atado.

La derrota y el fracaso no pertenecen al hijo de Dios. Dios nunca hizo un fracaso. Dios nos hizo nuevas criaturas. No nacemos de la voluntad de la carne ni de la voluntad del hombre, sino de la voluntad de Dios. Somos creados en Cristo Jesús. Las fallas son hechas por el hombre. Están hechos por creer y pensar mal. I Juan 4:4 dice: "... Mayor es el que está en vosotros, que el que está en el mundo". Aprende a confiar en el Mayor que está en ti. Él es más poderoso que cualquier cosa en el mundo.

Dios creó el universo con palabras. Las palabras llenas de fe son las cosas más poderosas en todo el mundo.

La clave para la clase de fe de Dios es creer con el corazón y confesar con la boca. Nuestros labios pueden hacernos millonarios o mantenernos pobres. Nuestros labios pueden hacernos victoriosos o mantenernos cautivos. Podemos llenar nuestras palabras con fe o podemos llenar nuestras palabras con dudas. Podemos llenar nuestras palabras con amor que derretirá el corazón más frío, o podemos llenar nuestras palabras con odio y veneno. Podemos llenar nuestras palabras con amor que ayudará a los desalentados y quebrantados de corazón, con fe que conmoverá el cielo. Podemos hacer que nuestras palabras respiren la atmósfera misma del cielo.

Nuestra fe nunca se elevará por encima de las palabras de nuestros labios. Jesús le dijo a la mujer con flujo de sangre que su fe la había sanado. Los pensamientos pueden venir y pueden persistir en quedarse. Pero si nos negamos a poner esos pensamientos en palabras, morirán sin nacer. Cultiva el hábito de pensar en cosas grandes. Aprende a usar palabras que reaccionen sobre tu propio espíritu. Las confesiones de fe crean realidades. La realización sigue a la confesión. La confesión precede a la posesión.

Ahora veamos " *Está consumado, no necesitas ORAR al respecto, necesitas ESTAR DE ACUERDO con la palabra en FE" por Kenneth E. Hagin*

Está terminado, no necesitas ORAR al respecto, necesitas ESTAR DE ACUERDO con la palabra en FE" por Kenneth E. Hagin

La sanidad divina es un hecho consumado. Es un don, como la salvación, ya pagado en el Calvario. ¿Has aceptado el regalo de Dios de la sanidad? ¿Lo estás experimentando en tu vida en su totalidad? Si no, ¡es hora de que poseas la promesa de curación y disfrutes de una salud completa en todas las áreas!

"He rezado y rezado. He estado en reuniones de sanidad por todo el país y se ha orado por muchas veces, pero todavía no estoy sanado. ¿Me puedes ayudar?"

Este llamamiento quejumbroso ha sido oído muchas veces por los ministros. Oran por los enfermos, pero a menudo los enfermos se van como llegaron, no curados.

¿Por qué algunos son sanados instantáneamente mientras que otros caminan penosamente de un lugar a otro en busca de sanación, solo para ser decepcionados una y otra vez?

¿Por qué algunos que son pilares en la iglesia a menudo sufren durante años mientras que otros que son menos devotos reciben un milagro repentino de Dios?

¿Dios hace acepción de personas (Hechos 4:34)? ¿O hemos fallado en nuestro enfoque de la sanidad, al carecer de una comprensión completa de lo que la Palabra de Dios enseña sobre el tema?

Se ha puesto mucho énfasis en la práctica de ungir con aceite, imponer manos y orar por los enfermos. Pero hay más en la curación que la unción con aceite, así como hay más en la salvación que la oración.

El aceite de la unción, la oración del ministro y la imposición de manos son simplemente métodos o puntos de contacto. En sí mismos, no curan. Son vías a través de las cuales podemos liberar nuestra fe en la Palabra de Dios.

También se ha puesto mucho énfasis en los dones de sanidad (1 Corintios 12:28), que se encuentran entre los dones del Espíritu mencionados en 1 Corintios 12:8–10: "Porque a uno le es dada por el Espíritu palabra de sabiduría; a otro, palabra de conocimiento por el mismo Espíritu; a otro la fe por el mismo Espíritu; a otro, los dones de sanidad por el mismo Espíritu; a otro, obra de milagros; a otra profecía; a otro discernimiento de espíritus; a otro diversos géneros de lenguas; a otro, interpretación de lenguas."

Habrá manifestaciones de estos dones sobrenaturales cuando la gente los predique, los enseñe, crea en ellos y se rinda al Espíritu de Dios; pero estos dones no siempre están en funcionamiento.

A menudo, los nuevos cristianos son sanados por tales manifestaciones especiales. Luego, la próxima vez que estén enfermos, en lugar de creer en la Palabra de Dios, esperan ser sanados de la misma manera, y se desilusionan cuando no es así.

He encontrado en mi ministerio que las manifestaciones sobrenaturales de sanidad generalmente se ven entre los pecadores o entre las personas denominacionales que no han escuchado la enseñanza de la sanidad divina. Rara vez, si es que alguna vez, los he visto trabajar para personas del Evangelio Completo.

¿Por qué? Porque los dones de sanidades y manifestaciones sobrenaturales se dan principalmente para anunciar el Evangelio y llamar la atención de los que están fuera de la Iglesia. El creyente debe ser sanado liberando su fe en la Palabra de Dios.

Debemos distinguir entre las curaciones obtenidas a través de dones o manifestaciones sobrenaturales y las que se obtienen ejerciendo fe únicamente en la Palabra de Dios.

También debe entenderse que un individuo no opera estos dones sobrenaturales; se manifiestan a través de él. No puedo hacer que operen cuando quiera; Solo puedo permanecer abierto a la manifestación del Espíritu de Dios como Él quiere (1 Cor. 12:11).

Debemos permanecer abiertos a las manifestaciones del Espíritu de Dios, pero no tenemos que esperar por una para ser sanados. Esas son buenas noticias, amigo. Dios quiere que seamos sanados, y ha hecho provisión para que recibamos y poseamos sanidad.

Los dones de sanidad se han manifestado muchas veces en mi ministerio, pero no puedo hacerlos obrar a voluntad. No puedo presionar un botón o tirar de una palanca, por así decirlo, y hacer que los dones comiencen a funcionar. Operan como el Espíritu quiere. Sin embargo, se nos instruye que no esperemos en Él, ya que Él ya ha hecho algo acerca de nuestra sanidad en la cruz. La sanidad nos pertenece. No es simplemente una cuestión de oración. No se trata simplemente de algún don espiritual en funcionamiento. La sanidad nos pertenece porque nos ha sido provista por el Señor Jesucristo.

Cuando le digo a la gente que no tienen que rezar para ser sanados, me miran asombrados. Muchos no han podido recibir sanidad porque han basado su fe en la oración en lugar de la Palabra de Dios. Esperaban que la oración hiciera por ellos lo que la Palabra de Dios hará por ellos. La oración tiene éxito sólo cuando se basa en las promesas de la Palabra de Dios.

Cuando la gente venga al altar a orar, averigüe cuál es su necesidad. Si un hombre viene para ser salvo, podrías orar por él durante seis semanas, pero hasta que actúe de acuerdo con lo que Dios dijo en Su Palabra, se levantará y se irá a casa sin ser salvo.

Vuélvase a la Palabra de Dios. Muéstrele lo que dice la Biblia. Haz que lo crea y actúe en consecuencia. En cuanto a Dios, el hombre ya está salvado. Desde el punto de vista de Dios, la salvación ya está comprada y pagada. Así que no se trata de que Dios lo salve; ¡se trata de que acepte la salvación que Dios le ofrece!

Del mismo modo, no se trata de que Dios bautice a alguien con el Espíritu Santo; se trata de que la persona acepte el don del Espíritu Santo que Dios le ofrece. Asimismo, no se trata de que Dios sane a un individuo; se trata de que la persona acepte el don de la curación que Dios ya le ha proporcionado.

Algunos dicen: "Bueno, creo que Dios me va a sanar en algún momento. Creo que en el buen tiempo de Dios y a Su manera, Él lo hará". Ese tipo de pensamiento está fuera de línea con la Palabra de Dios. Primera de Pedro 2:24 dice: ". . . por cuya herida fuisteis sanados."

Fíjese que dice, "eran", no "va a ser". Si creo lo que dice la Biblia, entonces creo que fuimos sanados. Pedro mira hacia el Calvario. Fui sanado entonces. Acepto esa curación ahora.

Dios cargó en Jesús nuestras enfermedades y dolencias; Jesús los dio a luz. Él fue "herido, herido de Dios y afligido" con nuestras enfermedades (Isaías 53:4). Por lo tanto, Satanás no tiene derecho a ponernos lo que Dios le puso a Jesús.

Alguien puede decir: "Puede ser la voluntad de Dios que yo esté enfermo. Dios puede obtener más gloria de que esté enfermo que si estuviera sano".

Entonces, ¿qué derecho tendría Dios de poner tu enfermedad sobre Jesús si Él quisiera que la siguieras cargando? No hay necesidad de que ambos lo soporten. ¡Porque Jesús lo soportó, eres libre!

Todas las bendiciones y provisiones de Dios son condicionales. Él nos dio Su Palabra para hacernos saber qué condiciones deben cumplirse para que podamos recibir estas bendiciones. No caerán sobre nosotros automáticamente como las cerezas maduras caen de un árbol. Hay un lado hacia Dios y un lado hacia el hombre en cada batalla y en cada bendición. Dios tiene Su parte que desempeñar, pero el hombre también tiene su parte que desempeñar. La parte del hombre es obedecer a Dios y recibir lo que Él ha provisto.

Pablo dijo que lo que le sucedió a Israel sucedió como un ejemplo para nosotros (1 Cor. 10:11). Cuando Dios sacó a los hijos de Israel de Egipto (que es un tipo del mundo), no los abandonó en el desierto; Él tenía una bendición más para ellos. Él tenía otra tierra para ellos: la tierra de Canaán.

Canaán es un tipo del bautismo del Espíritu Santo y nuestros derechos y privilegios en Cristo, que incluyen la sanidad. Dios prometió a los hijos de Israel repetidamente que Él les iba a dar esa tierra. Cuando finalmente cruzaron el río Jordán hacia Canaán, Dios dijo: "Todo lugar que pisare la planta de vuestro pie, os lo he dado, como dije a Moisés" (Josué 1:3). Dios había dicho que les daría la tierra, pero el pueblo tenía que poseerla.

Así es con nuestros derechos y privilegios en Cristo. La curación nos pertenece. Dios lo ha provisto para nosotros. Pero tenemos que poseerlo. A menos que poseamos la provisión, no disfrutaremos de sus beneficios.

Mucha gente está esperando que Dios haga algo con su enfermedad. Dicen: "Si Dios alguna vez me sana, entonces voy a creerlo".

He hablado con pecadores que tenían la misma idea acerca de la salvación: querían dejárselo todo a Dios. Un hombre dijo: "Si Dios quiere salvarme, lo hará. Solo estoy esperando en Dios". No pude disuadirlo de la idea y, lamentablemente, murió sin Dios.

La Palabra de Dios dice que es la voluntad de Dios salvar a las personas. Los invita a venir: ". . . y el que quiera, tome del agua de la vida gratuitamente" (Ap. 22:17). La responsabilidad de recibir está del lado del hombre.

El creyente a veces comete el mismo error cuando se trata de otras cosas que promete la Palabra de Dios. Piensa erróneamente: "Si Dios quiere que yo tenga esto, me lo dará. Si no lo consigo, Él no quiere que lo tenga". Necesitamos entrar en la Palabra de Dios y averiguar lo que nos pertenece. Si se nos promete algo, o si se nos provee en Su Palabra, es Su voluntad. ¡Todo lo que tenemos que hacer entonces es poseerlo!

Necesitamos asentar esto en nuestras mentes, porque mientras vacilemos, no recibiremos nada. Santiago 1:6 y 7 dice: "Pero pida con fe, sin vacilar nada, porque el que vacila es como las olas del mar impulsadas por el viento y sacudidas. Porque no piense ese hombre que recibirá cosa alguna del Señor." A menudo no recibimos porque vacilamos.

La curación es un don, como la salvación, ya pagado en el Calvario. Todo lo que tenemos que hacer es aceptarlo. Todo lo que necesitamos hacer es poseer la promesa que es nuestra. ¡Como hijos de Dios, debemos darnos cuenta de que la curación nos pertenece!

DOBLE NATURALEZA DE NUESTRA REDENCIÓN

Nuestra redención en Cristo es doble. Jesús no solo murió por nuestros pecados en la Cruz del Calvario, Su sangre también fue derramada para que tú y yo podamos vivir libres de enfermedades y dolencias.
El capítulo 53 de Isaías tiene la clave para nuestra redención espiritual y física.

ISAIAH 53:4–5
4 Ciertamente él llevó nuestras enfermedades, y llevó nuestros dolores; mas nosotros le tuvimos por azotado, por herido de Dios, y abatido.
5 Mas él herido fue por nuestras transgresiones, molido por nuestras iniquidades: el castigo de nuestra paz fue sobre él; y con sus llagas somos curados.

En el idioma hebreo, el cuarto verso dice: "Ciertamente él llevó nuestras enfermedades, y llevó nuestros dolores. . . ."
En el versículo 10 de Isaías 53, la versión King James dice: "Sin embargo, agradó al Señor herirlo; él lo ha puesto a la pena. . . ." La palabra dolor proviene de la palabra hebrea para "enfermo". En hebreo, este versículo dice literalmente: "Él lo ha enfermado".
Los cristianos no tienen problema en creer en Isaías 53:6, ". . . Jehová cargó en él el pecado de todos nosotros." Pero muchos no pueden creer el resto del plan redentor, que

vimos en el versículo 4: ". . . él llevó nuestras enfermedades y cargó con nuestros dolores. . . ."

El propósito de que Jesús cargara con nuestros pecados era para que pudiéramos estar libres de la muerte espiritual y la separación eterna de Dios. El propósito de que Él llevara la enfermedad y la dolencia era para que pudiéramos estar libres de dolencias. Si crees que Dios cargó tus iniquidades sobre Jesús para tu salvación, entonces también deberías poder creer que Dios cargó la enfermedad y la dolencia sobre Él para que pudieras ser sanado.

Satanás es el autor de la enfermedad, no Dios, pero le miente a la gente y les hace pensar que Dios les ha puesto la enfermedad. O trata de hacerles pensar que Dios está usando la enfermedad para enseñarles algo. ¡Prefiero escuchar a un burro rebuznar a medianoche en un granero de hojalata que escuchar a la gente hablar de esta manera! ¡Dios no necesita que el diablo le enseñe nada!

Este tipo de pensamiento me enoja. Verás, pensar así casi me cuesta la vida. Cuando estaba en el lecho de la enfermedad como un niño bautista de 15 y 16 años, esto es lo que la gente me decía. No aprendí nada. En cambio, me amargué y casi me volví contra Dios.

Más tarde, después de que fui sanado y entré al ministerio, aprendí que si pasaba tiempo enseñando a la gente acerca de la "doble cura"—que Jesús no solo murió por la remisión de nuestros pecados sino también por la sanidad de nuestros cuerpos—podría cambiar su forma de pensar equivocada. Y cuando la gente vio que era la voluntad de Dios que fueran sanados, les fue fácil recibir lo que les correspondía por derecho.

Analicemos por qué las personas a veces pierden la sanidad después de haberla recibido. Algunas personas me han dicho que se sintieron perfectamente bien durante un período de tiempo después de que les puse las manos encima. Luego, todos los síntomas regresaron y eran peores que antes.

Este es un problema simple de abordar. La razón por la cual las personas pierden su sanidad es porque fueron sanadas a través de la fe de otra persona. A veces, las personas reciben sanidad a través de una manifestación especial del Espíritu Santo, como por ejemplo, a través de una palabra de conocimiento o de los dones de sanidad. Pero cuando regresan a casa, están solos; ellos están operando en su propia fe.

Cuando comencé a interrogar a ciertas personas que habían perdido su sanidad, descubrí que tan pronto como los síntomas comenzaron a regresar, dijeron: "Bueno, pensé que estaba sanado, pero supongo que ya no lo estoy".

Como no sabían cómo resistir al diablo, recuperaron todos sus síntomas. A la primera señal de un síntoma, titubearon en la fe y creyeron el síntoma sobre la verdad de la Palabra de Dios. Entonces probablemente dijeron algo como: "Bueno, pensé que estaba sanado, pero supongo que no".

Verás, tienes que mantenerte firme contra el diablo. A la primera señal de que un síntoma está tratando de volver a ti, dile al diablo: "No, no me vas a devolver eso. Estoy curado. Luego cita Primera de Pedro 2:24, Mateo 8:17 e Isaías 53:4–5. Recuérdale al diablo lo que dice la Palabra.

Desafortunadamente, en lugar de levantarse y enfrentarse al diablo con la Palabra de Dios y ordenar que se rompa su poder, muchas personas se rinden a él. ¿Por qué? Porque no tienen un fundamento de la Palabra de Dios en sus vidas.

Están dependiendo de que otros los lleven con su fe y oraciones, y eso solo funcionará temporalmente. Para recibir permanentemente, debes usar tu propia fe.

Cuando conoces el poder y la autoridad del Nombre de Jesús y que tienes un derecho bíblico a ese Nombre, el diablo no tendrá ningún poder sobre ti. Entonces, cuando los síntomas traten de regresar a ti, no estarás lleno de miedo. Simplemente te reirás del diablo y dirás: "Satanás, Jesús te azotó hace más de dos mil años. ¡Ahora deja mi cuerpo!" Y tendrá que irse.

No puedes mantener tu sanidad si ha venido como resultado de la fe de otra persona oa través de los dones del Espíritu, a menos que tu fe se desarrolle en la Palabra de Dios. Pero vencer al diablo es tan simple como mantenerse firme y resistirlo. ¡Él no tiene más remedio que huir (Santiago 4:7)!

Edifique una fe fuerte a través de la Palabra

La fe comienza donde se conoce la voluntad de Dios. Ten por seguro que Dios te quiere bien. Las promesas de sanidad se encuentran a lo largo del Antiguo y Nuevo Testamento. A continuación hay algunas escrituras para edificar su fe en lo que se refiere a la sanidad.

Éxodo 15:26 (RV) ". . . Yo soy el Señor que te sana."

Salmo 91:10 (NVI) ". . . ningún mal te sobrevendrá, ninguna calamidad se acercará a tu tienda. . . ."

Deuteronomio 33:25 (NVI) ". . . tu fuerza será igual a tus días."

Salmo 73:26 (RV) ". . . Dios es la fortaleza de mi corazón. . . ."

Salmo 146:8 (Amplificado) "El Señor abre los ojos de los ciegos; el Señor levanta a los que están encorvados. . . ."

Gálatas 3:13 (RV) "Cristo me ha redimido de la maldición de la ley. . . ."

Malaquías 4:2 (NVI) "Pero para ustedes que reverencian mi nombre, el sol de justicia se levantará con salud en sus alas. . . . "

Romanos 8:11 (RV) ". . . el Espíritu de aquel que resucitó a Jesús de entre los muertos. . . también vivificará vuestros cuerpos mortales. . . ."

Lucas 10:19 (RV) "He aquí, os doy potestad de hollar serpientes y escorpiones, y sobre todo el poder del enemigo, y nada os dañará."

Oración breve por la autoliberación.

"Señor Jesucristo, creo que moriste en la cruz por mis pecados y resucitaste de entre los muertos. Tú me redimiste con Tu sangre y yo te pertenezco, y quiero vivir para Ti. Confieso todos mis pecados, conocidos y desconocidos, lo siento por todos. Renuncio a todos ellos. Perdono a todos los demás como quiero que Tú me perdones. Perdóname ahora y límpiame con tu sangre. Te agradezco por la sangre de Jesucristo que me limpia ahora de todo pecado. Y vengo a Ti ahora como mi libertador. Tú conoces mis necesidades especiales: la cosa que ata, que atormenta, que contamina; ese espíritu maligno, ese espíritu inmundo, reclamo la promesa de Tu palabra: "Todo aquel que invocare el nombre del Señor, será librado". Te invoco ahora. En el nombre del Señor Jesucristo, líbrame y líbrame. Satanás, renuncio a ti y a todas tus obras. Me pierdo de ti, en el nombre de Jesús, y te ordeno que me dejes ahora mismo en el nombre de Jesús. ¡Amén!"

¡Que salga de tu corazón y veas la salvación del Señor!

¿Está usted enfermo o necesita una restauración?

¿Para aquellos que están enfermos o enfermos en cualquier forma o forma, o que necesitan liberación? O restauración, toque amablemente el punto a continuación con fe (fe es ver el resultado positivo preciso de su situación actual, saber que Jesús ha hecho su parte hace más de 2000 años para asegurar su sanidad y liberación, la restauración como pago inicial, confiar ese pago inicial está disponible para que lo retire, como un saldo positivo en su cuenta corriente con el banco, sin preguntas, ya que estamos de acuerdo con usted y pronunciamos SEAN SANADOS en el nombre de Jesucristo. Amén)

Por la autoridad que me has otorgado a mí y a ellos, ejerzo esa autoridad ahora en fe con su ira contra el enemigo y el hambre de obtener lo que les has dado gratuitamente a todos, maldigo toda enfermedad, toda enfermedad, ya sea cáncer. , COVID 19, ya sea espíritu de enfermedades, ya sea posesión demoníaca u opresión, ya sea espíritu de pobreza, retrocesos, retraso en el cumplimiento de lo que Dios ya ha determinado y liberado. Venimos contra la anomalía, los ato, los maldecimos hasta la raíz y los expulsamos con autoridad en el nombre de Jesucristo. Amén. Llamamos a una liberación de sanidad, liberación y restauración en sus vidas en el poderoso nombre de Jesucristo. Gracias Señor por los testimonios que permanecen para tu gloria y honor y adoración. Gracias por las almas que se están agregando a Tu reino como resultado de este mensaje, los milagros que ya estamos viendo ahora mismo y manifestándonos para tu gloria en el nombre de Jesús, Amén. ¡Se hace! ¡Alegrarse!

Toca este lugar resaltado como un punto de contacto y confiesa con tu boca: SOY SANADO, SOY LIBERADO y

SOY RESTAURADO en mi Espíritu, Alma, Cuerpo y todo lo que me rodea en el nombre de JESUCRISTO, ¡Amén!

Comienza a hacer lo que no podías hacer antes y comienza a confesarte hasta que la sanidad total, la restauración de la liberación se convierta en un fruto en tu vida en el nombre de Jesús, amén. Manténgase hambriento por todo lo de Dios, manténgase enojado y retire todo lo que el enemigo ha retenido en el nombre de Jesús, amén.

Nota: ¡
Dé testimonio de la sanidad para la gloria de Dios y para vergüenza del enemigo! Envíenos un correo electrónico o envíenos un whatsapp si aún necesita que estemos de acuerdo con usted sobre el tema. Y conéctese en la serie de equipamiento a partir de la próxima semana el jueves. ¡Encuentre detalles en breve en nuestro sitio web!

Grandes hazañas 2 – Capítulo 17

Naciste para esto: curación, liberación y restauración: descubre cómo de los grandes en la parte 16

Parte 16 - Basta ya de la cautividad de satanás y bienvenidos a la libertad en Cristo Jesús - El poder residente en la Comunión + ¡Dejen de sabotearse a sí mismos y vivan en paz los unos con los otros! True Healing Story – ¡Se ha roto una maldición!

Oración y ayuno por la iglesia y el liderazgo día 37 de 40

1 Corintios 11:26-32
La traducción de la pasión26 Cada vez que comen este pan y beben esta copa, están contando la historia, proclamando la muerte de nuestro Señor hasta que él venga. **27 Por esta razón, cualquiera que coma el pan o beba la copa del Señor con el espíritu equivocado, será culpable de**

deshonrar el cuerpo y la sangre del Señor. 28 Así que cada individuo primero evalúe su propia actitud y solo entonces coma el pan y beba la copa. 29 Porque comer y beber continuamente con un espíritu malo[a] traerá juicio sobre ti por no reconocer el cuerpo. 30 Esta insensibilidad es la razón por la cual muchos de ustedes son débiles, tienen enfermedades crónicas y algunos incluso están muriendo. 31 Si nos hemos examinado a nosotros mismos, no seremos juzgados. 32 Pero cuando somos juzgados, es entrenamiento del Señor para que no seamos condenados junto con el mundo.

Oración: Señor, ayúdanos a examinarnos a la luz de Tu palabra para que no nos peguemos un tiro en el pie porque Tú no haces acepción de personas como solemos hacer. Maldecimos la naturaleza adámica en todos nosotros y cobras vida en nosotros en el nombre de Jesús, amén.

Amigos, una de las áreas en las que nos auto-saboteamos es en el área de la mesa de comunión cuando recordamos la obra que el Señor realizó por nosotros con Su Cuerpo y Sangre.

Las dos formas en que nos autosaboteamos son las siguientes

1- Creemos que la comunión es un ritual y para unos pocos calificados seleccionados y no reclamamos las promesas de salud y curación, de vida, poder y virtud.
La Comunión se puede tomar todos los días porque en la Comunión hay provisión para la Sanación, la Liberación y la Restauración para cada hijo de Dios.

La sanidad es el pan de los hijos y ese pan y vino es un cuerpo espiritual y sangre en oa través del cuerpo de Cristo que es vida y espíritu. Mateo 15:22-29. también lea esto

Juan 6:54
The Passion Translation
54 La vida eterna llega al que come mi cuerpo[a] y bebe mi sangre, y yo lo resucitaré en el último día.

Por favor, nunca olvides esta palabra si no puedes recordar ninguna otra cosa hoy sobre la necesidad de comulgar con o sin los hermanos dentro o fuera de la Iglesia. Esto es esto:

Comer su carne es tomar en nuestra vida por FE todo lo que Jesús hizo por nosotros al dar su cuerpo por nosotros.

Beber su sangre es tomar por FE todo lo que la sangre de Jesús ha comprado para nosotros. Este "comer" y "beber" está recibiendo la VIDA, el PODER y la VIRTUD de todo lo que Jesús es para reemplazar todo lo que éramos en Adán. La sangre y el cuerpo de Jesús es el Árbol de la Vida, que se ofrece a todos los que le siguen.

Jesús es el arco iris en el nuevo pacto al igual que el arco iris en el pacto de Noé en Génesis 9:1-17; Apocalipsis 4:3

Cuando comulgamos, invocamos cada vez la provisión de la obra acabada y nos la apropiamos en nuestras circunstancias y situaciones porque es vida. No es un ritual. Se necesita fe para apropiarse de la provisión. La fe es confianza incondicional. Entonces podemos decir con valentía: * **"Señor, como nos mandaste que hiciéramos, ahora como Tu cuerpo y bebo Tu sangre. Hablo Tu Vida en mí, Tu Vida, Tu Poder, Tus virtudes vienen a mí ahora. Sanación, Liberación, vida de restauración, fluyen hacia mí y todo lo que me pertenece. Todo en mí** que está desalineado, decreto y declaro el realineamiento divino por autoridad en el nombre de Jesucristo, ya que he tomado esta comunión en memoria de la obra terminada. Enfermedad Ve, soy librado, soy restaurado en mi espíritu, alma y cuerpo- Nómbralos y verás la salvación del Señor."

No lo trates como pan y vino ordinarios. Connotan verdades espirituales que requieren fe para acceder a ellas.

Recuerda: Vive en paz con todos y no guardes rencor a nadie. Si lo hace, ninguna declaración funcionará hasta que nos volvamos a alinear con la palabra de Dios.

La segunda área en la que flaqueamos cuando tomamos la comunión es en la falta de perdón, la amargura y todos los demás vicios que se oponen a los principios de Cristo o las cláusulas de la palabra. Cuando hacemos eso, nos juzgamos a nosotros mismos por defecto. Que el Señor nos libre de los esfuerzos de autosabotaje en el nombre de Jesús. Amén. Leamos este Testimonio verdadero para corroborar el punto aquí. Lee, medita y aplica a tus propias circunstancias y situaciones:

Una maldición se rompe y una mujer camina: 19 de septiembre de 2012

En Proverbios 17:19 dice: "El que devuelve mal por bien, maldición recibirá sobre él". La realidad es que si le haces mal a una persona que te hace bien a ti, se lanzará una maldición. Otro está en Marcos 11:12-14, 21 y 22. Este es Jesús maldiciendo a la higuera. En este caso maldijo a la higuera pero el efecto no fue visible por un día. La gente piensa que porque dice una maldición pero el problema no es evidente de inmediato, entonces no tiene efecto. Tiene un efecto, ya sea que lo veas en un momento o durante diez años. El efecto le sucederá a la gente.

Una vez, cuando estaba en México, oré por una señora con una condición física. Lo único que me dijo el Señor fue que sus hermanos y hermanas la maldecían desde que tenía tres años. Estaba casi completamente lisiada y tuvimos que atravesarla para que perdonara a sus hermanos y hermanas. Tuve que romper el poder de la maldición sobre ella y cuando lo hice, el Señor la sanó por completo. Ella tomó su andador y lo tiró a un lado y el Señor la sanó allí mismo. Estaba asombrado de que un milagro realmente pudiera suceder. ¿Sabes cuántas veces se oró por ella en la iglesia y no se curó? Había una causa raíz de por qué estaba sucediendo eso. Cuando tratas con personas emocional, espiritual o físicamente y no hay un gran avance, entonces debes comenzar a cavar más profundo y repasar más pistas en la vida de esa persona. Hay una razón por la que todavía está allí. ¿Sabes por qué la iglesia está tan confundida acerca de la sanidad? No podemos entender por qué Dios dice que Él sanará a las personas y luego no se curan. Tenga en cuenta, con amabilidad, que esto no sucede sin una causa. Nada en este universo sucede sin una causa.

Oración breve por la autoliberación.

"Señor Jesucristo, creo que moriste en la cruz por mis pecados y resucitaste de entre los muertos. Tú me redimiste con Tu sangre y yo te pertenezco, y quiero vivir para Ti. Confieso todos mis pecados, conocidos y desconocidos, lo siento por todos. Renuncio a todos ellos. Perdono a todos los demás como quiero que Tú me perdones. Perdóname ahora y límpiame con tu sangre. Te agradezco por la sangre de Jesucristo que me limpia ahora de todo pecado. Y vengo a Ti ahora como mi libertador. Tú conoces mis necesidades

especiales: la cosa que ata, que atormenta, que contamina; ese espíritu maligno, ese espíritu inmundo, reclamo la promesa de Tu palabra: "Todo aquel que invocare el nombre del Señor, será librado". Te invoco ahora. En el nombre del Señor Jesucristo, líbrame y líbrame. Satanás, renuncio a ti y a todas tus obras. Me pierdo de ti, en el nombre de Jesús, y te ordeno que me dejes ahora mismo en el nombre de Jesús. ¡Amén!"

¡Que salga de tu corazón y veas la salvación del Señor!

¿Está usted enfermo o necesita una restauración?

¿Para aquellos que están enfermos o enfermos en cualquier forma o forma, o que necesitan liberación? O restauración, toque amablemente el punto a continuación con fe (fe es ver el resultado positivo preciso de su situación actual, sabiendo que Jesús ha hecho su parte hace más de 2000 años para asegurar su sanidad y liberación, la restauración como pago inicial, confiando en que el pago inicial está disponible para que usted lo extraiga, como un saldo positivo en su cuenta corriente con el banco, sin preguntas, ya que estamos de acuerdo con usted y pronunciamos SER SANADO en el nombre de Jesucristo, Amén)

Por la autoridad que me has otorgado a mí y a ellos, ejerzo esa autoridad ahora en fe con su ira contra el enemigo y el hambre de obtener lo que les has dado gratuitamente a todos, maldigo toda enfermedad, toda enfermedad, ya sea cáncer. , COVID 19, ya sea espíritu de enfermedades, ya sea posesión demoníaca u opresión, ya sea espíritu de pobreza, retrocesos, retraso en el cumplimiento de lo que Dios ya ha determinado y liberado. Venimos contra la anomalía, los ato, los maldecimos hasta la raíz y los expulsamos con autoridad en el nombre de Jesucristo. Amén. Llamamos a una liberación de sanidad, liberación y restauración en sus vidas en el poderoso nombre de Jesucristo. Gracias Señor por los testimonios que permanecen para tu gloria y honor y adoración. Gracias por las almas que se están agregando a Tu reino como resultado de este mensaje, los milagros que ya estamos viendo ahora mismo y manifestándonos para tu gloria en el nombre de Jesús, Amén. ¡Se hace! ¡Alegrarse!

Toca este lugar resaltado como un punto de contacto y confiesa con tu boca: *SOY SANADO, SOY LIBERADO y SOY RESTAURADO en mi Espíritu, Alma, Cuerpo y todo lo que me rodea en el nombre de JESUCRISTO, ¡¡¡Amén!!!*

Comienza a hacer lo que no podías hacer antes y comienza a confesarte hasta que la sanidad total, la restauración de la liberación se convierta en un fruto en tu vida en el nombre de Jesús, amén. Manténgase hambriento por todo lo de Dios, manténgase enojado y retire todo lo que el enemigo ha retenido en el nombre de Jesús, amén.

Nota: ¡
Dé testimonio de la sanidad para la gloria de Dios y para vergüenza del enemigo! Envíenos un correo electrónico o envíenos un whatsapp si aún necesita que estemos de acuerdo con usted sobre el tema. Y conéctese en la serie de equipamiento a partir de la próxima semana el jueves. ¡Encuentre detalles en breve en nuestro sitio web!

Grandes hazañas 2 – Capítulo 18

Naciste para esto: curación, liberación y restauración: descubre cómo de los grandes en la parte 17

Parte 17 - Basta ya del cautiverio de satanás y bienvenidos a la libertad en Cristo Jesús - Tormentas de la vida - ¿Le creemos o creemos en él? Yo creo, ayuda mi incredulidad – Historia real por BETH

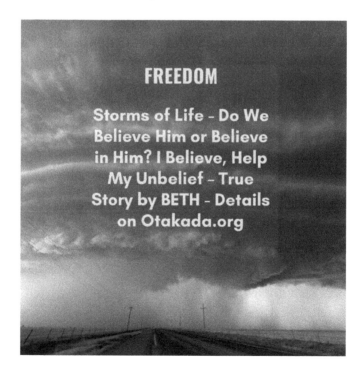

Oración y Ayuno por la Iglesia y el liderazgo Día 38 de 40
Sagrada Escritura:

1 Juan 3:23

Este es su mandamiento, que creamos en el nombre de su Hijo Jesucristo, y que nos amemos unos a otros, tal como él nos lo ha mandado.

Marcos 9:22-23
La traducción de la pasión
22 "Trata una y otra vez de matarlo arrojándolo al fuego o al agua. Pero, por favor, si puedes hacer algo, cualquier cosa, ¡ten compasión de nosotros y ayúdanos!
23 Jesús le dijo: "¿Qué quieres decir con 'si'? Si eres capaz de creer, todas las cosas son posibles para el creyente."

Oración: *Padre, gracias por hoy. Gracias por enviar a Tu Hijo para redimirnos de regreso a Ti. Señor, como Tu cuerpo de creyentes, no tenemos problema en creer en Tu hijo y esencialmente en Ti también según la obra general de la redención. Señor, donde todos luchamos es en el área de creer en Tu Hijo para nuestras necesidades específicas. Luchamos para apropiarnos del trabajo terminado en problemas reales que nos preocupan a diario. Creemos que existes, pero tenemos dificultad para creerte a ti y a tu Hijo que lo que dijiste que habías logrado hace 2000 años se aplica a nosotros hoy, que se aplican a nosotros AHORA para apropiarnos en nuestras vidas. Señor, ayuda nuestra* **incredulidad** *y ven por nosotros con tu generosa gracia donde luchamos por* **creerte. Como consecuencia, competimos, comparamos y aprobamos el desamor y la división entre nosotros. Al igual que Caín, asesinamos a los hermanos con nuestras palabras y acciones porque no tenemos el fruto que muestra tu aprobación por nosotros**

283

*y nuestro trabajo. **Perdónanos Señor, mientras nos restauras al lugar donde creímos en Ti y recibimos todo lo que moriste para darnos individualmente** en el nombre de Jesucristo. Amén.*

Queridos amigos, ¡así como vivimos en esta parte de la eternidad, ciertamente vendrán tormentas! No si, sino cuando. Algunos de nosotros estamos en uno ahora. Algunos acaban de salir de uno ahora, mientras que otros están en un período de respiro. Cuando surjan esos problemas, lo que crees será probado y alterado. Jesús dijo en

Marcos 9:49-50
La traducción de la pasión
49 "Todos pasarán por el fuego y todo sacrificio será sazonado con sal. 50 La sal es excelente para sazonar. Pero si la sal se vuelve insípida, ¿cómo se puede restaurar su sabor? Vuestras vidas, como la sal, son para sazonar y conservar. Así que no pierdan su sabor,[ae] y mantengan la paz en su unión entre ustedes".

Por lo tanto, es esencial que aclare su posición o la situación aclarará sobre qué base ha estado construyendo. Para ayudarte en esos momentos, te traemos este mensaje de hoy comenzando con esta pregunta: ¿Crees en Jesucristo o crees en Jesucristo en cuanto a las cosas que te ha prometido? La historia de hoy lo ayudará a reevaluar su posición en relación con creer en Cristo y Creer en Cristo. Asegúrese de aplicar y vivir en libertad del cautiverio (s) del maligno en el nombre de Jesús, Amén. Recuerda, Jesús vino a destruir la obra del maligno en nuestras vidas 1 Juan 3:8 - ¡Disfruta, medita y aplica!

Venciendo la incredulidad por Beth

Dios parece trabajar en temas en mi vida. Usted sabe lo que quiero decir. Todos los sermones, devocionales matutinos y programas de radio cristianos coincidentemente me hablan del mismo tema durante un período de tiempo incómodo. Incluso recibiré una tarjeta por correo de un amigo cristiano que no he visto en diez años y lo adivinaste. Él compartirá una buena palabra sobre el tema exacto.

Poco después de mi cuadragésimo cumpleaños, dondequiera que miraba escuchaba un mensaje sobre la creencia. Me siento humillado al admitir que me molestó un poco no escuchar más sobre los temas que realmente necesitaba. Después de todo, yo ya era creyente, y si los creyentes no creen, ¿qué diablos hacen?
Pasaron varias semanas y todavía no lo entendía. Finalmente, una mañana, incluso Oswald Chambers tuvo la audacia de sacar el tema en la entrada de ese día de *Mi máximo para lo más alto.* Miré hacia arriba y exclamé. ¿Qué es todo esto? Sentí que el Espíritu Santo hablaba a mi corazón, Beth, quiero que me creas. Estaba horrorizado. Señor, le respondí, Claro que creo en Ti. He creído en Ti toda mi vida. Sentí que respondió muy claramente. De manera rotunda, no les pedí que **creyeran en Mí** . Les pedí que **me creyeran** .

Me senté muy desconcertado por varios momentos hasta que estuve seguro de que el Espíritu Santo había arrojado luz fielmente sobre mi fe lastimosamente pequeña. Lo sentí decir. Hija Mía, me crees por tan poco. No seas tan seguro en las cosas que oras. ¿A quién estás tratando de evitar que parezca tonto? ¿Yo o usted?

No me importa decirles que mi vida cambió dramáticamente después de que Dios interrumpió mi ritmo cómodo con el tema de la creencia. Parte de esto ha sido insoportable, y parte ha sido lo más divertido que he tenido en toda mi vida cristiana. Tengo la sensación de que este es un tema con el que probablemente me toparé una y otra vez en el transcurso de mi viaje. ¿Por qué? Porque sin fe es imposible agradarle. En otras palabras, usted y yo seremos desafiados a creer en Él de una estación a otra, todos nuestros días. Y si tenemos aunque sea la mitad de un corazón para Dios, es probable que él sacuda nuestros perímetros y despierte un poco de emoción.

Creer en Dios nunca es más crítico que cuando tenemos fortalezas que necesitan ser demolidas. Creer en Dios rara vez es más desafiante. ¿Por qué? Porque hemos luchado contra la mayoría de nuestras fortalezas durante años y tal vez probamos innumerables remedios en un esfuerzo por ser libres con muy poco éxito. El enemigo se burla de nosotros con susurros como: *"Nunca serás libre. Lo has intentado cien veces. Vuelves cada vez. Usted está desesperado. Eres débil. Eres un fracaso. No tienes lo que se necesita.* Cada una de estas declaraciones acerca de ti es una mentira si eres creyente en Cristo. Tienes lo que se necesita. Tienes a Jesús, el Camino, la Verdad y la Vida. Pero no puedes simplemente creer en Él para ser libre de tu fortaleza. Debes creerle. Cree que Él puede hacer lo que dice que puede hacer. Cree que puedes hacer lo que Él dice que puedes hacer. Cree que Él es quien dice que es. Y cree que eres quien Él dice que eres.

Usted puede estar pensando, ¡quiero creer! ¡Simplemente no tengo suficiente fe! La palabra de Dios registra un encuentro en Marcos 9:14-24 para animar a toda persona que quiera creer. Cristo conoció a un hombre que tenía un hijo que había estado poseído por el enemigo desde la niñez. No se sabe a cuántos médicos, hechiceros, fanáticos religiosos, sabios y necios había buscado el padre para encontrar la libertad de su hijo. Imagínese el rayo de esperanza que encendió su alma cuando circuló el rumor acerca de los discípulos de Jesús que tenían fama de realizar milagros.

Luego imagine su devastación cuando ellos también fueron agregados a la lista de los fallidos. Jesús pidió que le trajeran al niño. La súplica desesperada del padre podría provocar un nudo empático en la garganta de cualquier padre: si puedes hacer algo, apiádate de nosotros y ayúdanos. Yo amo a Jesús poderosa réplica: ¿Si puedes…? Todo es posible para el que cree. La repetición del padre comprende uno de los momentos más honestos e invaluables en el registro de los encuentros humanos de Cristo. Inmediatamente el padre del niño exclamó, Yo sí creo. Luego, como si Cristo hubiera captado su mirada, leyendo su mente inquisitiva, el padre rápidamente reiteró: ¡Ayúdame a vencer mi incredulidad!

Estoy convencido de que Dios preferiría escuchar nuestras súplicas honestas por más de lo que nos falta que una multitud de piadosas perogrulladas de un corazón incrédulo. Cuando soy desafiado por la incredulidad, he comenzado a hacer la misma súplica ferviente al que gustosamente supliría. Las siguientes oraciones bíblicas tienen el propósito de alimentar su fe en el que es fiel y alimentar su creencia en el que es creíble.

por favor recuerda

Siempre es la voluntad de Dios que estés libre de fortalezas o cautiverios. Como se dijo: es posible que no siempre estemos seguros de que Dios desea sanarnos físicamente en esta vida de cada enfermedad o prosperarnos con bendiciones tangibles, pero Él siempre desea liberarnos de fortalezas o cautiverios. Juan 10:10

Nunca tendrás que preocuparte de si estás orando en la voluntad de Dios con respecto a las fortalezas. Es para la libertad que Cristo nos ha hecho libres (Gal 5,1).

Ruego también que los ojos de vuestro corazón sean iluminados para que conozcáis la esperanza a la que os ha llamado, las riquezas de su gloriosa herencia en los santos, y su poder incomparablemente grande para con nosotros los que creemos. Ese poder es como la acción del poder de Su fuerza que ejerció en Cristo cuando lo resucitó de entre los muertos (Efesios 1:18-20).

Por favor acepte y celebre dos asombrosas verdades derivadas de estas Escrituras:

1) Dios ejerce un poder incomparablemente grande para aquellos que eligen creer. ¡Lea de nuevo! ¡Un poder incomparablemente grande! Más que suficiente para romper el yugo de cualquier atadura. Nuestra creencia destapa la tubería e invita al poder a fluir.

2) Dios aplica el mismo poder a nuestra necesidad que ejerció cuando resucitó a Cristo de entre los muertos. ¿Tu fortaleza requiere más poder del que se necesita para resucitar a los muertos? ¡La mía tampoco! Dios puede hacerlo, compañero creyente. Lo sé porque Él lo dice. Y lo sé porque él lo ha hecho por mí. Créele... y cuando no lo hagas, clama fervientemente: ¡Ayúdame a vencer mi incredulidad!

Oración breve por la autoliberación.

"Señor Jesucristo, creo que moriste en la cruz por mis pecados y resucitaste de entre los muertos. Tú me redimiste con Tu sangre y yo te pertenezco, y quiero vivir para Ti. Confieso todos mis pecados, conocidos y desconocidos, lo siento por todos. Renuncio a todos ellos. Perdono a todos los demás como quiero que Tú me perdones. Perdóname ahora y límpiame con tu sangre. Te agradezco por la sangre de Jesucristo que me limpia ahora de todo pecado. Y vengo a Ti ahora como mi libertador. Tú conoces mis necesidades especiales: la cosa que ata, que atormenta, que contamina;

ese espíritu maligno, ese espíritu inmundo, reclamo la promesa de Tu palabra: "Todo aquel que invocare el nombre del Señor, será librado". Te invoco ahora. En el nombre del Señor Jesucristo, líbrame y líbrame. Satanás, renuncio a ti y a todas tus obras. Me pierdo de ti, en el nombre de Jesús, y te ordeno que me dejes ahora mismo en el nombre de Jesús. ¡Amén!"

¡Que salga de tu corazón y veas la salvación del Señor!

¿Está usted enfermo o necesita una restauración?

¿Para aquellos que están enfermos o enfermos en cualquier forma o forma, o que necesitan liberación? O restauración, toque amablemente el punto a continuación con fe (fe es ver el resultado positivo preciso de su situación actual, sabiendo que Jesús ha hecho su parte hace más de 2000 años para asegurar su sanidad y liberación, la restauración como pago inicial, confiando en que el pago inicial está disponible para que usted lo extraiga, como un saldo positivo en su cuenta corriente con el banco, sin preguntas, ya que estamos de acuerdo con usted y pronunciamos SER SANADO en el nombre de Jesucristo, Amén)

Por la autoridad que me has otorgado a mí y a ellos, ejerzo esa autoridad ahora en fe con su ira contra el enemigo y el hambre de obtener lo que les has dado gratuitamente a todos, maldigo toda enfermedad, toda enfermedad, ya sea cáncer. , COVID 19, ya sea espíritu de enfermedades, ya sea posesión demoníaca u opresión, ya sea espíritu de pobreza, retrocesos, retraso en el cumplimiento de lo que Dios ya ha determinado y liberado. Venimos contra la anomalía, los ato, los maldecimos hasta la raíz y los expulsamos con autoridad en el nombre de Jesucristo. Amén. Llamamos a una liberación de sanidad, liberación y restauración en sus vidas en el poderoso nombre de Jesucristo. Gracias Señor por los testimonios que permanecen para tu gloria y honor y adoración. Gracias por las almas que se están agregando a Tu reino como resultado de este mensaje, los milagros que ya estamos viendo ahora mismo y manifestándonos para tu gloria en el nombre de Jesús, Amén. ¡Se hace! ¡Alegrarse!

Toca este lugar resaltado como un punto de contacto y confiesa con tu boca: SOY SANADO, SOY LIBERADO y SOY RESTAURADO en mi Espíritu, Alma, Cuerpo y todo lo que me rodea en el nombre de JESUCRISTO, ¡¡¡Amén!!!

Comienza a hacer lo que no podías hacer antes y comienza a confesarte hasta que la sanidad total, la restauración de la liberación se convierta en un fruto en tu vida en el nombre de Jesús, amén. Manténgase hambriento por todo lo de Dios, manténgase enojado y retire todo lo que el enemigo ha retenido en el nombre de Jesús, amén.

Nota: ¡
Dé testimonio de la sanidad para la gloria de Dios y para vergüenza del enemigo! Envíenos un correo electrónico o envíenos un whatsapp si aún necesita que estemos de acuerdo con usted sobre el tema. Y conéctese en la serie de equipamiento a partir de la próxima semana el jueves. ¡Encuentre detalles en breve en nuestro sitio web!

Conclusión de Greater Exploits 2 y preparación para Greater Exploits 3

Este es el final de Greater Exploit 2. Prepárate para Greater Exploits 3, que se espera que esté repleto de testimonios más edificantes, equipándote para que puedas salir y hacer grandes hazañas desde tu hogar, tu círculo y fuera de tu círculo. Creemos firmemente y oramos diariamente por ti para que haya *sanidad, liberación y restauración a tu alrededor para la gloria de Dios en el nombre de Jesús. Amén. Esperamos escuchar tu testimonio para la gloria de Dios y potenciar a otros para mayores hazañas en Cristo Jesús. . – Embajador Lunes Ogwu Ogbe*

Ahora, el mayor milagro es el milagro de la salvación. Ahora presentamos una oportunidad:

GRAN OPORTUNIDAD

No terminaremos este título en Borderless hasta que presentemos la oportunidad a aquellos que no se han encontrado con Jesús para hacer las paces hoy.

Oración de Salvación

Oración de Salvación - Nuestra Primera Conversación Real con Dios
La "oración de salvación" es la oración más importante que alguna vez oraremos. Cuando estamos listos para convertirnos en cristianos, estamos listos para tener nuestra

primera conversación real con Dios, y estos son sus componentes:

- Reconocemos que Jesucristo es Dios; que Él vino a la tierra como hombre para vivir la vida sin pecado que nosotros no podemos vivir; que Él murió en nuestro lugar, para que no tuviéramos que pagar la pena que merecemos.
- Confesamos nuestra vida pasada de pecado: vivir para nosotros mismos y no obedecer a Dios.
- Admitimos que estamos listos para confiar en Jesucristo como nuestro Salvador y Señor.
- Le pedimos a Jesús que venga a nuestro corazón, se establezca allí y comience a vivir a través de nosotros.

Oración de Salvación - Comienza con Fe en Dios
Cuando oramos la oración de salvación, le estamos haciendo saber a Dios que creemos que Su Palabra es verdadera. Por la fe que Él nos ha dado, elegimos creer en Él. La Biblia nos dice que " *sin fe es imposible agradarle, porque es necesario que el que se acerca a Dios crea que Él existe, y que es galardonador de los que le buscan solícitamente* " (Hebreos 11:6).

Entonces, cuando oramos, pidiéndole a Dios el regalo de la salvación, estamos ejerciendo nuestro libre albedrío para reconocer que creemos en Él. Esa demostración de fe agrada a Dios, porque libremente hemos elegido conocerlo.

Oración de Salvación - Confesando Nuestro Pecado
Cuando oramos la oración de salvación, estamos admitiendo que hemos pecado. Como dice la Biblia de todos, excepto solo de Cristo: " *Por cuanto todos pecaron, y están destituidos de la gloria de Dios* " (Romanos 3:23).

Pecar es simplemente no dar en el blanco, como una flecha

que no da en el blanco. La gloria de Dios de la que estamos destituidos se encuentra únicamente en Jesucristo: " *Porque es el Dios que mandó que de las tinieblas resplandeciese la luz, el que resplandeció en nuestros corazones, para iluminación del conocimiento de la gloria de Dios en el rostro de Jesucristo* " (2 Corintios 4:6).

La oración de salvación, entonces, reconoce que Jesucristo es el único ser humano que jamás vivió sin pecado. " *Al que no conoció pecado, por nosotros lo hizo pecado, para que nosotros fuésemos hechos justicia de Dios en él* " (2 Corintios 5:21).

Oración de Salvación - Profesando Fe en Cristo como Salvador y Señor
Con Cristo como nuestro estándar de perfección, ahora estamos reconociendo la fe en Él como Dios, estando de acuerdo con el Apóstol Juan que: " *En el principio era la Palabra (Cristo), y el Verbo estaba con Dios, y el Verbo era Dios. El estaba en el principio con Dios. Todo fue hecho por medio de El, y sin El nada de lo que ha sido hecho, fue hecho" (Juan 1:1-3)* .

Debido a que Dios solo podía aceptar un sacrificio perfecto y sin pecado, y debido a que sabía que no podríamos lograr eso, envió a Su Hijo a morir por nosotros y pagar el precio eterno. " *Porque de tal manera amó Dios al mundo que ha dado a su Hijo unigénito, para que todo aquel que en él cree no se pierda, mas tenga vida eterna* ". (Juan 3:16).

Oración de Salvación - ¡Dígalo y dígalo en serio ahora!

¿Estás de acuerdo con todo lo que has leído hasta ahora? Si es así, no espere un momento más para comenzar su nueva vida en Jesucristo. Recuerda, esta oración no es una fórmula mágica. Simplemente estás expresando tu corazón a Dios. Reza esto con nosotros:

"Padre, sé que he quebrantado tus leyes y mis pecados me han separado de ti. Lo siento mucho y ahora quiero alejarme de mi vida pecaminosa pasada hacia ti. Por favor, perdóname y ayúdame a evitar volver a pecar. Creo que tu hijo Jesucristo murió por mis pecados, resucitó de entre los muertos, vive y escucha mi oración. Invito a Jesús a ser el Señor de mi vida, para que gobierne y reine en mi corazón desde este día en adelante. . Por favor, envía tu Espíritu Santo para que me ayude a obedecerte y hacer tu voluntad por el resto de mi vida. En el nombre de Jesús oro, Amén".

Oración de Salvación - Lo He Orado; ¿Ahora que?

Si has hecho esta oración de salvación con verdadera convicción y corazón, ahora eres un seguidor de Jesús. Esto es un hecho, ya sea que te sientas diferente o no. Es posible que los sistemas religiosos lo hayan llevado a creer que debe sentir algo: un cálido resplandor, un hormigueo o alguna otra experiencia mística. El hecho es que puede que lo haga o puede que no. Si has orado la oración de salvación y lo has dicho en serio, ahora eres un seguidor de Jesús. ¡La Biblia nos dice que su salvación eterna está segura! *" que si confesares con tu boca que Jesús es el Señor, y creyeres en tu corazón que Dios le levantó de los muertos, serás salvo "* (Romanos 10:9).

¡Bienvenidos a la familia de Dios! Lo alentamos ahora a encontrar una iglesia local donde pueda bautizarse y crecer en el conocimiento de Dios a través de Su Palabra, la Biblia.

También puede visitar nuestro sitio en www.otakada.org que le ayudará a desarrollarse y crecer en Cristo

Usando este enlace en el estudio bíblico de descubrimiento para descubrir a Jesús por ti mismo https://www.otakada.org/dbs-dmm/

Viaje de discipulado de 40 días

O puede comenzar un viaje de 40 días a su ritmo en línea a través de este enlace https://www.otakada.org/get-free-40-days-online-discipleship-course-in-a-journey-with-jesus/

Si necesita orientación, envíe un correo electrónico a info@otakada.org
Que el Señor amplíe tu vida y te llene de alegría, paz, amor y armonía que solo Él puede dar, amén.

Shalom!

Colaboradores de materiales de referencia:

1) Otakada.org
2) Testimonios –
   sanacionrevival.com/testimonies
3) Smithwigglesworth.org
4) Involucrando al Dios Sobrenatural por
   Monday Ogbe
5) Rhema.org Ministerios Kenneth E. Hagin
6) Lester Symrall - Los milagros no solo
   suceden
7) Aventuras en el lago John G.

Otros libros por autor

Visite la página del autor
https://www.amazon.com/~/e/B07MSBPFNX

Shalom!

Embajador Lunes Ogwuojo Ogbe